中國學術思想 研究輯刊

三三編
林慶彰 主編

第10冊

劉宗周哲學系統的闡釋

陳敏華 著

花木蘭文化事業有限公司

國家圖書館出版品預行編目資料

劉宗周哲學系統的闡釋／陳敏華　著 -- 初版 -- 新北市：花木
蘭文化事業有限公司，2021〔民 110〕
目 2+176 面；19×26 公分
（中國學術思想研究輯刊 三三編；第 10 冊）
ISBN 978-986-518-439-1（精裝）
1.（明）劉宗周 2.中國哲學 3.學術思想
030.8　　　　　　　　　　　　　　　　110000656

ISBN-978-986-518-439-1

9 789865 184391

中國學術思想研究輯刊
三三編　第 十 冊　　　　　　　　ISBN：978-986-518-439-1

劉宗周哲學系統的闡釋

作　　者　陳敏華
主　　編　林慶彰
總 編 輯　杜潔祥
副總編輯　楊嘉樂
編　　輯　許郁翎、張雅淋　美術編輯　陳逸婷
出　　版　花木蘭文化事業有限公司
發 行 人　高小娟
聯絡地址　235 新北市中和區中安街七二號十三樓
　　　　　電話：02-2923-1455／傳真：02-2923-1452
網　　址　http://www.huamulan.tw 信箱 service@huamulans.com
印　　刷　普羅文化出版廣告事業
封面設計　劉開工作室
初　　版　2021 年 3 月
全書字數　144370 字
定　　價　三三編 18 冊（精裝）新台幣 48,000 元　　　　版權所有・請勿翻印

劉宗周哲學系統的闡釋

陳敏華　著

作者簡介

陳敏華，廣東台山人。於香港新亞研究所研習哲學，2007 年獲哲學博士學位。研習範疇主要為孔、孟哲學與宋明理學，對程明道及劉宗周兩位儒者引發的哲學問題，尤感興趣，曾撰寫：〈程明道「仁體」之研究〉及〈劉宗周哲學系統的闡釋〉兩篇論文。在取得博士學位後，於港、臺兩地多次參加研討會，與各界學者就宗周哲學系統內的論題交流，加上從事教育工作多年，對「以《論語》作為中、小學德育課題是否可行」這方面的話題，亦進行過探討。

提　要

　　本論文旨在對晚明的最後一位理學家——劉宗周的哲學系統進行闡釋，主要分為「誠意」之學、「慎獨」之學及「證人」之學三個系統，並採用牟宗三先生判語：「歸顯於密」作為研究線索，分別論述各系統之大旨及發前儒之未發者。

　　第一至三章乃分析「誠意」之學。宗周一方面肯定陽明有關「良知」及「致良知」的本義，良知教呈顯教的規模；另一方面又辨難良知教，據《大學》釐清陽明所規定的「致知格物」與「心意知物」諸義，並簡別「四有句」，由此確立「意是心之所存」。據此，他第一步將良知之顯教歸於「意根最微」的密教。

　　第四至六章是探討「慎獨」之學。宗周以《中庸》的「天命之性」為基石，標示「性」之尊，再由「道」的不睹不聞指向「獨體」，標示「天」之尊。藉「天命之性」，宗周得出：未發已發以表裏對待、動靜一源、氣質義理只是一性及盈天地間一氣等結論。至「心體」與「性體」的「形著」與「綜和」關係被肯定，即理順了第二步工作，最後由「盡心」與「知性」完成「心性天是一」的儒家道德形上學。

　　宗周的「證人」之學，即第七章所舉出的〈人譜〉諸篇，指向「誠意」與「慎獨」最終能達致的境界。由正面言成學之道，再肯定反面改過之功，正反面均由本心而發，故〈人譜〉為宗周哲學的最具體、最圓熟的表徵。

目
次

引　言

　　劉宗周是晚明最後一位理學繼承者，這個定位來自他既肯認王陽明的「求本心於良知」，同時又能了解良知教的「相融相即」，這一點對確定良知教呈一顯教的規模有着積極的意義，但宗周疑陽明後學近禪，有情識而肆或虛玄而蕩的流弊，因此他辨難良知教，據《大學》釐清陽明所規定的「致知格物」與「心意知物」諸義，並簡別「四有句」，這是一種學風上的扭轉，但不是逆向的，而是開展的。以上種種討論，宗周以嚴分「意」與「念」為大原則，藉「意根最微，誠體本天」（〈學言〉）突出「意體」的凝斂性，將「良知」之顯教歸於「意根最微」的密教。

　　有明一代，未有儒者對「意體」作如此深刻之探究，此為宗周一大貢獻，故本文劃分宗周哲學為三大系統，特別標示上述部分為「誠意」之學的系統，並以首三章分層遞進論述，包括：宗周對良知教的進退取捨、宗周辨難良知教及「意體」的凝斂性等。

　　「意根最微」能建立密教最核心的部分，亦是吾人主觀的、內在的踐德之源，而客觀的、超越層的一面，就由「性」與「天」作為根據，因此宗周非常重視「性」與「天」的內容。他據《大學》言「心」與「意」是「心宗」的進路；以《中庸》「天命之性」為基調，標示「性」之尊，再由「道」的不睹不聞指向「獨體」，標示「天」之尊，這就是「性宗」的進路。至於由「天命之性」引申出未發已發以表裏對待、動靜一源、氣質義理只是一性及盈天地間一氣等結論亦非常嶄新。

　　最重要的是，宗周規定了「心體」與「性體」的兩種關係：形著與綜和，當中「以心著性」義是定盤針，終能將「心體」之顯教歸於「性體」的密教，

－1－

此正是「心性天是一」的道德形上學。故本文以「慎獨」之學為宗周哲學的第二個系統，由第四章：「性天之尊」在宗周系統中的突出地位和第五章：「性體」的渾然一體義，到第六章論探討「心體」與「性體」的關係，將整個慎獨之學的輪廓勾畫出來。

「誠意之學」與「慎獨之學」固然能顯示體用不二，但要確保此一道德形上學能具體落實，仍要用功，宗周於晚年反復修訂之〈人譜〉，正正透出一嚴正的道德意識來，也是能印證「誠意之學」與「慎獨之學」的最有力者，故本文以「證人之學」為宗周哲學的第三個系統，列舉出〈人譜〉內的〈人極圖說〉、〈證人要旨〉、〈紀過格〉等諸篇大旨，明「誠意」與「慎獨」最終能達致的境界，因此本文之第七章名為：〈人譜〉的踐履造詣境界，作為對宗周哲學的最具體、最圓熟的表徵。

本文分疏宗周哲學為三大系統，只是方便論述時有固定之方向，最終是想表述此三大系統實歸本於一，即證體，此「體」是指「意體」及「獨體」。至於論述的方式，以文本為依據，採用了大量宗周的著述，並探本溯源，據儒家的典籍：《論》、《孟》、《中庸》、《易傳》及《大學》諸章節從旁分析，此外，由宗周之子劉洵替父所寫之〈劉宗周年譜〉及宗周學生黃宗羲歸納其師之為學風格等資料，對探索宗周哲學的面貌，十分有幫助。宗周最終以絕食明志，惟其繼承聖學的功勞一再被後學肯定，此為不朽之明證。

第一章　宗周對良知教的進退取捨

第一節　宗周肯定陽明的「求本心於良知」

一、有關「良知」及「致良知」的本義

　　劉宗周為晚明最後一位理學家，與當代學者的砥礪，對前賢諸聖的遙契，凡此種種均構成其學問的特殊性，本文考量了整個宗周哲學體系後，特以王陽明的「良知教」為切入點。因為明末王學流行，但弊端不絕如縷，針對當時這個狀況，宗周既以精讀先秦儒學經典為神，復藉探究宋明諸子的思路為骨，突顯出一個調整「良知教」、又承繼正宗儒學的新系統，這個系統的整體特色，以牟宗三先生的語言概括之：「即是『歸顯于密』，即，將心學之顯教歸于慎獨之密教是也」〔註 1〕，所以本文會集中研究宗周哲學系統的凝斂性和優越性，以肯認上述評論。

　　要說明宗周哲學這個「歸顯於密」特色，首先是說清楚他對「良知教」的進退取捨，因為「良知」這一個概念，對宗周處理心、意、知、物四者有直接的影響，尤其是他嚴分陽明的「意」為「念」，並以「意根最微」一語定案，更是一個很有價值的研究範疇，故此本章將從以下各方面去探究上述各課題，包括：宗周如何理解並發揚良知教本身的精粹；宗周評陽明後學失卻良知教本旨的影響；以及宗周如何憑藉「良知」的本義去釐清《大學》中心、意、知、物四者的關係，並以「意根」去收攝「良知」的用意。

─────────────

〔註 1〕牟宗三：《從陸象山到劉蕺山》（臺灣：學生書局，1979 年 8 月初版），頁 453。

　　根據《劉宗周年譜》，宗周於明天啟七年編輯《皇明道統錄》，他讀畢《陽明文集》，曾評述良知教的整個系統：

　　　先生承絕學於詞章訓詁之後，一反求諸心而得其所性之覺曰良知，
　　　因示人以求端用力之要曰致良知。良知為知，見知不囿於聞見；致
　　　良知為行，見行不滯於方隅。即知即行，即心即物，即動即靜，即
　　　體即用，即工夫即本體，即下即上，無之不一，以救學者支離眩騖，
　　　務華而絕根之病。可謂震霆啟寐，烈耀破迷。〔註2〕

　　上述一段話，是宗周對陽明的一項重要評價，顯示他是全面掌握了良知教的精粹。宗周的評價可分為兩方面去概括：

　　宗周先以「一反求諸心而得其所性之覺曰良知，因示人以求端用力之要曰致良知。良知為知，見知不囿於聞見；致良知為行，見行不滯於方隅」去說明「良知」及「致良知」的本義。首兩句「反求諸心而得其所性之覺曰良知，因示人以求端用力之要曰致良知」是提綱語，我們先就陽明的意思去理解，然後才返回來看宗周的提綱語，這樣才能明瞭宗周的用意。

　　陽明學被理解為孟子學，重點落在「良知」這個概念上。孟子云：

　　　人之所不學而能者，其良能也，所不慮而知者，其良知也。孩提之
　　　童，無不知愛其親也。及其長也，無不知敬其兄也。親親仁也。敬
　　　長義也。無他，達之天下也。〔註3〕

　　孟子所言的良知良能，當中並無甚麼神秘色彩，孟子也不是說一個孩童在成長的過程中做到知愛其親、敬其兄這些行為，便算是一個有德行的人，其實這是指點語，指一般人皆本然有此踐履敬愛的能力，這種能力由本心而發。孟子既肯定仁義內在，故由本心自然而發的一種知仁知義的「知」即是「良知」，如此，知愛即能愛，知愛是「良知」，能愛是「良能」；同理，知敬即能敬。此外，仁義禮智根於心，故「良知」也知禮、知是非，當中不涉及任何經驗界的認知，故孟子定此良知為不慮而知者。至於「良能」，其義無異，本心能自然而發知仁知義的這一種能力，非經後天學習得來，可名為「良能」。「良知良能」顯示了人先天具有道德踐履的能力。

　　孟子又云：「惻隱之心，仁也。羞惡之心，義也。恭敬之心，禮也。是非

────────────

〔註2〕戴璉璋、吳光主編：《劉宗周全集（五）》，〈劉宗周年譜〉（臺北：中研院文哲
　　　所，1996年），頁228～229。
〔註3〕朱熹：《四書集註》，〈孟子‧盡心上〉（香港：太平書局，1982年），頁192。

之心，智也。仁義禮智，非由外鑠我也，我固有之也。」（《孟子·告子上》）
上述話語即孟子以四端之心證立性善的正說。仁義禮智是人所固有的，而且
是內在地有，這是一個理（即道德法則），分說是四端，實指涉同一根源，即
道德的本心。惻隱、羞惡、恭敬和是非四者，皆是本心之自發，四者可理解為
本心之呈現，如乍見孺子入井即表現出惻隱，但單就「惻隱」本身，亦可視為
本心的內容，因四端並不與本心割裂，是一而四，四而一者，陽明名此為「心
即理」。

陽明曾就「心即理」作剖析：

> 理也者，心之條理也。是理也，發之於親則為孝，發之於君則為
> 忠，發之於朋友則為信。千變萬化，至不可窮竭，而莫非發行吾
> 之一心。〔註4〕

陽明又曾就此義答問：

> 又問：『心即理之說，程子云「在物為理」，如何謂心即理？』
>
> 先生曰：『在物為理，在字上當添一心字；此心在物則為理，如此心
> 在事父則為孝，在事君則為忠之類。』先生因謂之曰：『諸君要識我
> 立言宗旨。我如今說箇心即理是如何，只為世人分心與理為二，故
> 便有許多病痛。如五伯攘夷狄，尊周室，都是一箇私心，便不當理，
> 人卻說他做得當理，只心有未純，往往悅慕其所為，要來外面做得
> 好看，卻與心全不相干。分心與理為二，其流至於伯道之偽而不自
> 知。故我說箇心即理，要使知心理是一箇，便來心上做工夫，不去
> 襲義於外，便是王道之真。此我立言宗旨。』〔註5〕

陽明訓「心即理」，「理」於心而言是條理，即原則，但同時心理是一，理
顯即心現。「理」無特定內容，千變萬化，發之於親是孝、發之於君是忠、發
之於朋友是信，孝、忠和信都是理，均由心而發行。陽明如此訓示心即理，原
因是世人分心與理為二，心流於私意，他認為五伯尊周室也是一箇私心作祟
而已，所以要往「心」上作工夫，不能襲義於外，這也是孟子的一種工夫論：
「……是集義所生者，非義襲而取之也。行有不慊於心，則餒矣」（《孟子·公
孫丑上》）的涵意，陽明取孟子的「集義」言心理是一，並定此為立言宗旨。

〔註4〕〔明〕王守仁撰，吳光、錢明、董平、姚延福編校：《王陽明全集（上）》〈卷八·
　　　　文錄五·書諸陽伯卷〉（上海：上海古籍出版社，1992年12月第一版），頁277。
〔註5〕葉紹鈞點註：《傳習錄》（臺北：臺灣商務印書館，1967年），頁265～266。

　　孟子由本心之自發踐德，說此內在的道德本心是人的本性，確立了「性善說」。陽明掌握了上述真諦，以「良知」綜括四端，一切皆良知的表現，故云：

> 良知只是個是非之心，是非只是個好惡，只好惡就盡了是非，只是
> 非就盡了萬事萬變。是非兩字是個大規矩，巧處則存乎其人。〔註6〕

良知即是非之智，即羞惡之義。陽明以「好惡」表「羞惡」，「是非」即羞惡或好惡上的大是大非，故「是非」兩字是個大規矩，即「理」，也是「心」，而這一個規矩是內存於人，故陽明的確是秉承了孟子的「性善說」。

　　這裏有一觀點值得留意，就是孟子的「是非之心，智也」中「智」的問題。牟宗三先生評陽明提出以「智」言「良知」，對儒學有功：

> 至陽明，將智冒上來言良知，通徹于心德之全部，則不但能彰著道
> 德的真實心之具體創發性與泛應曲當性，而且能彰著其于是非善惡
> 上之內在地自樹立其準則性：即，良知之點出，則當然之理不只是
> 泛然的「應當」，而且于感應事變上，發心動念，良知自能超越地先
> 天地知而且決定何者為是，何者為非，何者為善，何者為惡，而內
> 在地自作斷制，自立準則。此在此學問之講明上，自是推進一大步。
> 此準則性一立，則價值之源與價值主體乃為不可動搖者。故孟子有
> 功於聖門，而後來王陽明又是進一步有功于聖門也。〔註7〕

　　陽明以良知通徹孟子之本心（四端之心），一方面確立「本心」的多種本質內容，包括：能具體創發、能泛應曲當、能內在地立道德法則。另一方面，彰顯「本心」的發用，包括：內在地立的道德法則，不只是泛應的「應當」，而是能在經驗層感事應變；在應變的過程中，由良知超越地先天地判是非善惡。總攬上述良知的內容，可以確認道德價值的根源及「人」是一價值的主體，同時又保障了在踐德過程中一切行為皆符合自立的道德法則，所謂賢者為聖人說法，故此，牟先生的評語是中肯且合理的。

　　宗周於《語類‧遺編學言》中，對上述孟子的本心呈現、陽明的良知發動，作了一個很具體的描述：

> 人生皆為習所轉，則心亦為習所轉，一切捱排是非計較凡聖，恐都
> 是習心。順是瞥地時恍然一覺，如孟子所謂乍見孺子將入於井時，

〔註6〕葉紹鈞點註：《傳習錄》，頁241～242。
〔註7〕牟宗三：《從陸象山到劉蕺山》，頁262～263。

方恰恰是本心處。早已電光埋沒了，夫以習為性，何嘗霄壤。〔註8〕

人於經驗界中有習心，全由一切較量而來，包括凡聖之分野。宗周深得孟子本心呈現的真諦，以「驀地時恍然一覺」明「乍見孺子將入於井時」的惻隱處，正正於電光火石間一覺，一體呈現了本心及由此本心透顯的理，這種體悟，宗周肯定陽明也具備，但平常人以習為性，不得不教儒者喟然長嘆。

宗周在「驀地時恍然一覺」一句中用「覺」字，其中蘊涵了良知的另外一種本質內容：良知只是一箇天理自然明覺發見處，陽明曾云：

> 良知只是一箇天理自然明覺發見處，只是一箇真誠惻怛，便是他本體，故致此良知之真誠惻怛以事親便是孝，致此良知之真誠惻怛以從兄便是弟，致此良知之真誠惻怛以事君便是忠。只是一箇良知，一箇真誠惻怛。〔註9〕

真誠惻怛涵孟子「四端之心」義，真誠即恭敬之心（禮）；惻怛是惻隱之心（仁），與上述一段引文由「是非」、「好惡」表智、義一樣，陽明以「真誠惻怛」說良知也同於孟子說本心。不過，陽明說「真誠惻怛」是他本體，這個本體應理解為他的自體，他內在的本性，這樣，「真誠惻怛」便成了一個內在的道德性。當人遇上某種機緣時，例如要事親，他自然知孝、能孝；要事君，自然知忠、能忠，這顯示了人的內在道德性的起動，這時「孝」「忠」即理解為「天理」，是道德法則，「真誠惻怛」也就由內在表現了出來，所以「真誠惻怛」也是有道德內容者。

此外，由於孝敬均是「真誠惻怛」的自發，換一句說，在良知處可以發現這種自發，故陽明言：良知只是一箇天理自然明覺發見處，牟宗三先生對此義亦有很詳盡的解釋：

> 凡陽明說「明覺」皆是就本心之虛靈不昧而說。其直指當然就是良知本身，惟良知才可以說「明覺」。但關聯著別的說，如關聯著「天理」說，關聯著心之發動之意說，關聯著「行」說，亦可以將明覺移於天理，心之發動之意，或行而說。如此處說「天理之自然明覺」，天理本身本無所謂「明覺」，然天理不是外在的抽象之理，而是即內在於本心之真誠惻怛，而即由此真誠惻怛之本心而昭明地具體地而

〔註8〕戴璉璋、吳光主編：《劉宗周全集（二）》，〈語類十四・遺編學言〉（臺北：中研院文哲所，1996年），頁561。

〔註9〕葉紹鈞點註：《傳習錄》，頁182。

且自然地呈現出來，故亦可說「天理之自然明覺」矣。〔註10〕

牟先生說「明覺」皆是就本心之虛靈不昧而說，是基於陽明云：「虛靈不昧，眾理具而萬事出。心外無理，心外無事。」〔註11〕，這個道德本心常處清明的狀態，當它是一個「理」時，它是虛的，但當它遇事要應變時，這個理又能成為一個能應萬事的行事原則，於是，它又是實理了，所以陽明云：「心外無理，心外無事」不是就現象上去說，而是指出本心這一種「虛靈不昧，眾理具而萬事出」的特質在道德踐履上的優先性，離開了這個明覺，便無所謂理或事了，而不是指經驗界的物事會消失。其次，牟先生指「明覺」能關聯着「天理」、心之發動之意和「行」說，這一說法也是陽明所允許的。因為這個「明覺」既是眾理具而萬事出，因此關聯着「天理」時，這個「明覺」是一個踐德的先天根據；關聯着「心之發動之意」時，這個「明覺」是一個首出的道德原則，同時是自決自守的；關聯着「行」時，便是這個「明覺」在經驗中的如實呈現貌，就如在現實中所見的父慈子孝現象，背後乃有一「明覺」，即良知在。故此，陽明以「一箇天理自然明覺發見處」及「一箇真誠惻怛」來訓示「良知」，是儒家的規範。

有了以上的分析，宗周對良知教的總綱：「一反求諸心而得其所性之覺曰良知，因示人以求端用力之要曰致良知」便可以肯定了，簡言之，「良知」是人能反求本心的一種明覺，我們要在這根源處用力，這便是「致良知」的工夫。順理推之，「良知為知，見知不囿於聞見」便清楚不過的，蓋此良知非經驗層的知識已得到證明；而「致良知為行，見行但不滯於方隅」更是良知的發用不受局限的好案語。宗周深明良知教，其理解不離陽明之原義，其次因陽明的表述又不離孟子，故宗周及陽明均為聖學的傳承者無疑。

二、有關良知教的「相融相即」義

宗周對良知教的另一段評語：「即知即行，即心即物，即動即靜，即體即用，即工夫即本體，即下即上，無之不一」，也深具寓意。宗周應該是看到「良知」的其他涵意，才作此相融相即的總結。

首先有關「即知即行」一句，應該源於陽明在《傳習錄》中的敘述：

　　知之真切篤實處即是行，行之明覺精察處即是知，知行工夫本不可

〔註10〕牟宗三：《從陸象山到劉蕺山》，頁219。
〔註11〕葉紹鈞點註：《傳習錄》，頁37。

離；只為後世學者分作兩截用功，失卻知、行本體，故有合一並進
之說，真知即所以為行，不行不足謂之知。〔註12〕

知者行之始，行者知之成。聖學只一箇工夫，知、行不可分作兩
事。〔註13〕

以上兩段引文言簡意賅，知道陽明的「知行不離、合一並進」的工夫，
乃因應時代而提出的，因為他認為後世學者把知、行分開用功，那不是真工
夫，能行才算有真知。其次，以實踐的過程言，行的始端是「知」，「知」的完
成在「行」，形象化地說，知、行是線的兩端，實是一事而已，所以陽明云：
「知、行不可分作兩事」。以上的踐履取向，宗周以「即知即行」來概括，並
於〈學言上〉有以下的說明：

知行合一之說，不是知即是行，乃是知之至處即是行也。

知行自有次第。但知先而行即從之，無閒可截，故云合一。〔註14〕

案宗周謂：「知之至處即是行」，是把知、行真正合一起來，在「知」之至
處喚其為「行」，這裏即有體用不離的真意，知、行之分只是因應不同分際而
有的說法而已，故雖有次第，但無隔阻，故可說合一。宗周曾評述陽明以下
一段答友人的話語，用意更是分明，陽明云：

知行原是兩箇字說一箇工夫，這一箇工夫須著此兩箇字，方說得完
全無弊病。若頭腦處見得分明，見得原是一箇頭腦，則雖把知行分
作兩箇說，畢竟將來做那一箇工夫，則始或未便融會，終所謂百慮
而一致矣。若頭腦見得不分明，原看做兩箇了，則雖把知行合作一
箇說，亦恐終未有湊泊處，況又分作兩截去做，則是從頭至尾更沒
討下落處也。……（所謂頭腦，只良知二字）。〔註15〕

陽明謂知、行原是兩箇字說一箇工夫，分成「知」和「行」去說，是因為
要說得完備、無弊病。若踐履的人掌握到關鍵處（頭腦處），那麼就算初時未
能融會貫通，將來也只會奉行做一箇工夫。陽明更指明若分開「知」和「行」
為兩種工夫去實踐，則一定無立足點。宗周領會陽明之言，直指關鍵在「良
知」處，「良知」是知也是行，「知此良知」即「致此良知」，替「知行合一」

〔註12〕葉紹鈞點註：《傳習錄》，頁108。

〔註13〕葉紹鈞點註：《傳習錄》，頁33。

〔註14〕戴璉璋、吳光主編：《劉宗周全集（二）》，頁425～426。

〔註15〕戴璉璋、吳光主編：《劉宗周全集（四）》，〈哀纂・陽明傳信錄一〉（臺北：中
　　　研院文哲所，1996年），頁14～15。

說作了一個最佳的註腳（上段括號內之文字即為宗周案語）。

這個「即知即行」還有一個工夫充盡的問題，這也是儒者所重視的踐履時的強度問題。孟子云：「君子所性，仁義禮智根於心，其生色也，睟然見於面，盎於背，施於四體，四體不言而喻」（《孟子·盡心上》），程子註曰：「睟面盎背皆積盛致然，四體不言而喻，惟有德者能之」〔註16〕，這便是君子（有德者）踐德時用力至深，在動作威儀之間表現出一種豐盛的氣象來（睟面盎背皆積盛），使人感其仁義禮智俱備無缺。其次，孟子又云：「凡有四端於我者，知皆擴而充之矣。若火之始然，泉之始達」（《孟子·公孫丑上》），朱子註其意：「擴，推廣之，充、滿也。四端在我隨處發見，知皆即此推廣而充滿其本然之量，則其日新又新，將有不能自已者矣」〔註17〕，以上「擴充」之意，實儒者的共同信念，希望本心充滿日新又新的力量，踐仁不倦。

陽明承前聖言著力於工夫，所以用「致良知」一詞概之，其中「致」即有「擴充」的意思，茲舉陽明的話語解釋：

良知是造化的精靈。這些精靈，生天生地，成鬼成帝，皆從此出，真是與物無對。人若復得他完完全全，無少虧欠，自不覺手舞足蹈，不知天地間更有何樂可代？〔註18〕

「良知是造化的精靈」並不是說「良知」是天地鬼神在經驗界生成或存在的根據，這個「造化」是對人來說的，意思是指：有「人」才能仰天俯地，才能與鬼神通，「人」之能這樣，是因良知與物無對，即心與物無對，陽明認為完完全全回復到這個「良知」處（即「致良知」），人必喜樂無窮，牟宗三先生評此工夫與孟子相呼應：

陽明言「致」字，直接地是「向前推致」底意思，等於孟子所謂「擴充」。「致良知」是把良知之天理或良知所覺之是非善惡不讓它為私欲所間隔而充分地把它呈現出來以使之見於行事，即成道德行為。直接的意思是如此，再進而不間斷地如此，在此機緣上是如此，在彼機緣上亦如此，隨事所覺皆如此，今日如此，明日亦如此，時時皆如此，這便是孟子所謂「擴而充之」，或「達之天下」。能如此擴而充之，則吾之全部生命便全體皆是良知天理之流行……。到此，

〔註16〕朱熹：《四書集註》，頁194。
〔註17〕朱熹：《四書集註》，頁47。
〔註18〕葉紹鈞點註：《傳習錄》，頁227。

便是把良知「復得完完全全，無少虧欠。」故「致」字亦含有「復」字義。但「復」必須在「致」中復。復是復其本有，有後返的意思，但後返之復必須在向前推致中見，是積極地動態地復，不只是消極地靜態地復。〔註19〕

「致良知」的「致」含有「復」義，<u>牟宗三</u>先生的「向前致、往後復」描述，生動地把儒家的工夫論一說到底，能不停歇地把良知之天理呈現出來，踐行不倦，這個動力的背後是良知，是仁義內在的本心，<u>陽明</u>能掌握，天下人莫不有此能力，但如何保證能致能復此良知，這裏並沒有捷徑，靠的是人自身的警覺，時時向內反省，<u>牟宗三</u>先生把<u>陽明</u>這種警省自身的工夫名為「逆覺體證」：

致良知底致字，在此致中即含有警覺底意思，而即以警覺開始其致。警覺亦名曰「逆覺」，即隨其呈露反而自覺地意識及之，不令其滑過。故逆覺中即含有一種肯認或體證，此名曰「逆覺體證」。此體證是在其於日常生活中隨時呈露而體證，故此體證亦曰「內在的逆覺體證」，言其即日常生活而不隔離，此有別於隔離者，隔離者則名曰「超越的逆覺體證」。不隔離者是儒家實踐底定然之則，隔離者則是一時的權機。……

……又，逆覺之覺，亦不是把良知明覺擺在那裏，而用一個外來的無根的另一個覺去覺它。這逆覺之覺只是那良知明覺隨時呈露時之震動，通過此震動而反照其自己。故此逆覺之覺就是那良知明覺之自照。〔註20〕

儒家肯定人能不停地進行「內在的逆覺體證」，這個「覺」若真是<u>孟子</u>的本心、<u>陽明</u>的良知明覺，則自知必有足夠的力量去呈露，並且在呈露時顯出本質來，即在「行」中顯出「知」來，反之，在「知」處亦保障了「行」必當義，以上為「即知即行」的確解。

「即知即行」的工夫既關涉到天地萬物，則可說「即心即物」一語。<u>宗周</u>認為<u>陽明</u>既以「一個天理自然明覺發見處」來訓示「良知」，則這個明覺可覺至天地萬物乃是順理成章的了，因為若有一處或一物是明覺不能達致的，則良知只具有形式義，而「致良知」也缺實踐義了，故贊同<u>陽明</u>從「良知」之

〔註19〕牟宗三：《從陸象山到劉蕺山》，頁229。
〔註20〕牟宗三：《從陸象山到劉蕺山》，頁229～231。

明覺感應說萬物一體，<u>陽明</u>曾云：

> 理一而已。以其理之凝聚而言，則謂之性；以其凝聚之主宰而言，
> 則謂之心；以其主宰之發動而言，則謂之意；以其發動之明覺而言，
> 則謂之知；以其明覺之感應而言，則謂之物……〔註21〕

以上內容摘自〈答羅整菴少宰書〉，<u>陽明</u>開首即說一提綱語：理一而已。這個「理」當然是上述的「天理」，但這段話是在不同分際作出說明，包括：「天理」凝聚於人時是人之「性」；而主宰凝聚這個「理」是本心；本心發動是「意」；本心發動的明覺是「知」；本心明覺感應到的就是「物」了。在這裏要留意，理之凝聚是內在凝聚於人而言，我們從上述篇幅得知：「良知只是個是非之心……巧處則存乎其人」〔註22〕，理的凝聚是籍人而存的，否則「理」只是一個外在的客觀形式，那麼「理」如何成為人內在的道德本性？<u>陽明</u>在這裏補充說：「夫物理不外吾心，外吾心而求物理，無物理矣。遺物理而求吾心，吾心又何物耶？心之體性也，性即理也。故有孝親之心，即有孝之理，無孝親之心，即無孝之理矣」〔註23〕，<u>陽明</u>定義物之理在吾心，但這個「物理」不能單指經驗界某事某物之理，而是「天理」，否則「遺物理亦即遺吾心」的「吾心」便缺道德義，<u>宗周</u>即在此取其「即心即物」義。

同時，心能體現「性」，性即理；人所以肯認這個「性」，靠的就是這個本心，有孝親之心，即有孝之理，心即理。<u>陽明</u>特重心的主從義，所以<u>陽明</u>學是心學，而且是融合了主客觀面地說的「心學」。「主從」不重限制義，這是藉「心善證性善」的路徑而已，證得性善時，「心」如何會不善？這時心即性，性即心。順理推證，心發動成「意」，是藉「心善證意善」，發動得明朗透徹便是良知了，但這個「意」在<u>陽明</u>的系統中，卻有歧義，這處成了<u>宗周</u>辨難良知教的焦點，有關詳解當在稍後篇幅討論。

最後是另一討論的重點：「以其明覺之感應而言，則謂之物」一句的涵意。「物」若是經驗界中的某事或某物，單純地只視其為一客觀者，則剝落了明覺之感應的道德實踐，按<u>陽明</u>之理路，其取向應與<u>程明道</u>所言：「仁者渾然與物同體」相同，因仁心無外，不能單停在某處說，總是要擴充盡才成。

〔註21〕葉紹鈞點註：《傳習錄》，頁168。
〔註22〕葉紹鈞點註：《傳習錄》，頁241～242。
〔註23〕楊家駱主編、黃宗羲撰：《明儒學案》，〈姚江學案一〉（臺北：世界書局，1984年2月4版），頁80。

以下就借明道之言解說「物」義：

> 學者須先識仁。「仁者」渾然與物同體。義禮智信皆仁也。識得此理，
> 以誠敬存之而已。不須防檢，不須窮索。若心懈，則有防。心苟不
> 懈，何防之有？理有未得，故須窮索。存久自明，安待窮索？此道
> 與物無對。大、不足以明之。天地之用皆我之用。孟子言「萬物皆
> 備於我」，須「反身而誠」，乃為大樂。若反身未誠，則猶是二物有
> 對，以己合彼，終未有之，又安得樂？〔註24〕

明道言「仁者渾然與物同體」，其中以「渾然」二字，顯示仁者與天地萬
物間無阻隔。至於「識仁」的工夫，就是以「誠敬」存「義禮智信」，其實「義
禮智信」只是「仁」的不同面相，而「誠敬」即顯心不懈，此心是「本心」，
不懈即時加反省反察。此種工夫與陽明的致良知無異，皆視本心為一道德實
體，以其發用為道德實踐之本。至於「與物同體」及「此道與物無對」中的
「物」，在存有論的層面來看，可以泛指一切的「物」，包括經驗的及概念的
物事、物的自身等；至於在本體論的層面而言，仁者與物同體、道與物無對
都是一種道德的圓熟境界。「與物同體」之理在於仁者明得萬物皆具創生之真
幾，明道此觀點，在於他「以覺訓仁」，這個「覺」即孔子言仁之「感通」義，
由本心之明覺顯仁體的感通，亦由此說「仁」之覺潤創生；與物無對的「道」
也即生道、生理，以上兩者所指之「物」同指向一具創生義的實體，此創生義
的實體，在吾人來說是本心，是仁體，是良知，在萬物來說是創生之真幾，故
明道借孟子言「萬物皆備於我」，確認此創生之幾備於人，備於物，而「人」
與「物」可共同體證之。若「物」只指涉經驗層的「物」，千差萬別的「物」
又用何種形式備於人？若採朱子格一物窮一理的路數，以人有涯之年，根本
不能備萬物於吾身，故此，宗周評陽明所言的「即心即物」，亦只是契接明道
的「仁者渾然與物同體」的理境才說得通。

陽明另有一處言良知的明覺感通無礙：

> 夫人者，天地之心，天地萬物本吾一體者也。生民之困苦荼毒，孰
> 非疾痛之切於吾身者乎？不知吾身之疾痛，無是非之心者也。是非
> 之心，不慮而知，不學而能，所謂良知也。〔註25〕

─────────────

〔註24〕朱熹編、王雲五主編：《河南程氏遺書》，〈遺書第十一・明道先生語一〉，（臺
　　　　灣：商務印書館，1974年），頁130。

〔註25〕葉紹鈞點註：《傳習錄》，頁173。

> 聖人只是順其良知之發用，天地萬物俱在我良知的發用流行中，何
> 嘗又有一物超於良知之外能作得障礙？〔註26〕

因為吾人的道德本心藉天地而立，這是一個理，而吾人之本心即良知明
覺，良知明覺所覺之處即天地萬物，這也是一個理，故天地萬物得與吾為一
體。此「一體」不是同一本體的意思，而是人、天地萬物皆由同一本體，即天
理而來，故相連而為一體。這樣，人物無隔；人之心乃天地之心，人與天地亦
無隔，但人反求諸心即現良知，故良知之明覺感應涵天蓋地，天地萬物俱在
我良知的發用流行中呈現其價值，無一物能超於良知之外。

有關「即知即行」及「即心即物」兩斷語已詳述如上，兩者都蘊涵了本
體（心、性、良知）和工夫（行、物、致良知）等層面，至於「即動即靜」一
語，宗周先透過陽明以下的話語去掌握它的工夫義：

> 吾昔居滁時，見諸生多務知解口耳異同，無益於得，姑教之靜坐。
> 一時窺見光景，頗收近效；久之漸有喜靜厭動，流入枯槁之病，或
> 務為玄解妙覺，動人聽聞，故邇來只說「致良知」。良知明白，隨你
> 去靜處體悟也好，隨你去事上磨鍊也好，良知本體原是無動無靜的：
> 此便是學問頭腦。〔註27〕

以上是陽明答一友人有關「靜坐」工夫的內容，陽明以居於安徽滁縣時為
鑑，因從遊者多注意見聞等經驗知識，故教他們靜坐涵養，誰知日久有人靜極
枯槁、有人誤解良知明覺為虛玄，所以他便清楚指出「致良知」的本義：良知
本體無動無靜，只要識得本體，在靜處體悟或事上磨煉都成。換言之，「致良
知」的方式可動可靜，但良知本體並不是以純動或純靜分。不過，陽明的工夫
論，在他本人所處之時代已然看見弊端，後來者更不諦「致良知」可以想見，
這也成了宗周辨難良知教的導火線，但這當然無損宗周對陽明的敬重。至於宗
周對「主靜」工夫，也有很深徹的體會的，他於〈學言上〉曾云：

> 動中有靜，靜中有動者，天理之所以妙合而無閒也。靜以宰動，動
> 復歸靜者，人心之所以有主而常一也。故天理無動無靜，而人心惟
> 以靜為主，以靜為主則時靜而靜，時動而動，即靜即動，無靜無動，
> 君子盡性至命之極則也。〔註28〕

〔註26〕葉紹鈞點註：《傳習錄》，頁231。
〔註27〕葉紹鈞點註：《傳習錄》，頁227～228。
〔註28〕戴璉璋、吳光主編：《劉宗周全集（二）》，頁442～443。

　　天理本身於宗周而言無動無靜，但又動靜相融，妙合而無間。人心有「主」，這個主規定「靜以宰動，動復歸靜」，但人心也「常一」，這個常一以靜為主，則可以「時靜而靜，時動而動，即靜即動，無靜無動」，若人心以「動」為主，則難言「靜」了。至於「以靜為主」的人心，是「君子盡性至命之極則」，這個「盡性至命」的大原則相信是源自周濂溪的「主靜立人極」工夫，宗周另有言解釋：

> 或曰：「周子既以太極之動靜生陰陽，而至於聖人立極處，偏著一靜字，何也？」曰：「循理為靜，非動靜對待之靜。」〔註29〕

> 主靜之說，大要主於循理。然昔賢云：「道德言動，皆翕聚為主，發散是不得已事。天地萬物皆然。」則亦意有專屬，正如黃葉止兒啼，是方便法也。〔註30〕

　　宗周理解周濂溪的「以太極之動靜生陰陽」中的太極，實是陰陽互生不已之理，現於陰陽動靜之生生之理處，藉「靜」一字指點出其為一有理者，動靜是一理，太極或陰陽是一事，此一理一事皆由「主靜」工夫對待之。宗周再實指「主靜」是循理的意思，吾人於道德言動間當然以翕聚為主，即以內斂凝聚為根本，但在日用中萬事紛陳，發散是不得已之事，故需立定主意，以「主靜」為一方便法門警示世人，按宗周後來以「慎獨」解讀《大學》、《中庸》，建構一燦然大備的本體工夫論，可謂遙契此「主靜立人極」觀點。

　　至於陽明也有言「良知本體」的動、靜：

> 未發之中，即良知也，無前後內外，而渾然一體者也。有事、無事，可以言動、靜，而良知無分於有事、無事也；寂然、感通可以言動、靜，而良知無分於寂然、感通也。……未發在已發之中，而已發之中未嘗別有未發者；已發在未發之中，而未發之中未嘗別有已發者存：是未嘗無動靜，而不以動靜分者也。〔註31〕

　　由以上一段話語，見陽明言良知是渾然一體，無前後內外、無分於有事無事，並且無分於寂然、感通、未發、已發，這是互通互融的一種狀況，換言之，也涵良知是即動即靜，即已發即未發。

　　又以下一段話，說得更分明：

〔註29〕戴璉璋、吳光主編：《劉宗周全集（二）》，頁 471。
〔註30〕戴璉璋、吳光主編：《劉宗周全集（二）》，頁 468。
〔註31〕葉紹鈞點註：《傳習錄》，頁 146～147。

性無不善，故知無不良。良知即是未發之中，即是廓然大公，寂然
不動之本體，人人之所同具者也。但不能不昏蔽於物欲，故須學以
去其昏蔽；然於良知之本體，初不能有加損於毫末也。知無不良，
而中、寂、大公未能全者，是昏蔽之未盡去，而存之未純耳。體即
良知之體，用即良知之用，寧復有超然於體、用之外者手？〔註32〕

「良知」的本體是未發之中；是廓然大公的；又是寂然不動的，但當人
昏蔽於物欲，即存之未純時，以上的本體特質便不全了，不過「體即良知之
體，用即良知之用」，此體、用兩層均緊扣「良知」而言，而不是以動、靜分
判，相信這是陽明的一種權宜說話，為的是突出「良知」的體用不離的優先
地位，故宗周評「良知教」是：「即動即靜，即體即用，即工夫即本體，即下
即上，無之不一」，真的是據其本而下的定案。宗周又推崇陽明能「救學者支
離眩騖，務華而絕根之病。可謂震霆啟寐，烈耀破迷」，相信是陽明秉承孟子
學，競求本心於良知的原故。

第二節　宗周疑陽明後學近禪

宗周雖對「良知」及「致良知」的本義有準繩的掌握，並加以肯定，但對
良知教仍有不少的批評，其子劉洵於《劉宗周年譜》有總結語云：

先生於陽明之學凡三變，始疑之，中信之，終而辨難不遺餘力。始
疑之，疑其近禪也。中信之，信其為聖學也。終而辨難不遺餘力，
謂其言良知，以《孟子》合《大學》，專在念起念滅用工夫，而於知
止一關全未勘入，失之粗且淺也。夫惟有所疑，然後有所信，夫惟
信之篤，故其辨之也切。而世之競以玄渺稱陽明者，烏足以知陽明
也與！〔註33〕

宗周初疑陽明學為近禪，相信與當時陽明後學漸失其真有關，他曾自道：

然學陽明之學者，意不止於陽明也。讀龍溪、近溪之書，時時不滿
其師說，而益啟瞿曇之秘，舉而歸之師，漸躋陽明而禪矣。……
僕嘗私慨，以為居今之世，誠欲學者學聖人之道，而不聽其出入於
佛老，是欲其入而閉之門也。……學者患不真讀佛氏書耳，苟其真

〔註32〕葉紹鈞點註：《傳習錄》，頁144～145。
〔註33〕戴璉璋、吳光主編：《劉宗周全集（五）》，頁480～481。

讀佛氏書，將必有不安於佛氏之說者，而後乃始喟然於聖人之道，

直取一間而達也。審如是，佛亦何病於儒？〔註34〕

陽明後學大致分為三派，以地域分為浙中派、泰州派和江右派，前者以王龍溪為代表，中者以羅近溪、王心齋為表率，最後者則有聶雙江及羅念菴兩人。

本段之討論重點不在諸學者能否傳承陽明學，而是宗周在陽明學的氛圍籠罩下，他清楚指出當時部分學者雜禪的事實，但宗周為學踏實，明言若真讀佛典又何妨？他亦表明真讀通佛典，學者之內心必不安於此而直接求取聖人之道，這是一種儒者的治學態度。

陽明本人曾於答問時評佛云：「……又問：『釋氏於世間一切情欲之私，都不染著，似無私心；但外棄人倫，卻似未當理。』曰：『亦只是一統事，都只是成就他一箇私己的心。』」〔註35〕陽明認為內不染情欲之私和外棄人倫，都只成就了個人的一顆私心，不是儒者「達則兼善天下」的胸襟，可見陽明並不推舉佛學。

以下茲再擇錄陽明於《傳習錄》中評佛的論點云：

佛怕父子累，卻逃了父子，怕君臣累，卻逃了君臣，怕夫婦累，卻逃了夫婦，都是為箇君臣、父子、夫婦著了相，便須逃避。如吾儒有箇父子，還他以仁，有箇君臣，還他以義，有箇夫婦，還他以別，何曾著父子、君臣、夫婦的相？〔註36〕

陽明借孔子答齊景公問政云：「君君、臣臣、父父、子子」（《論語·顏淵》）一語，表示佛家怕負累，逃避人倫的關係，其實已是著跡的做法（即有了「相」）。陽明肯定儒家處理五倫的關係是正面的，父子間以仁相待，父慈子孝；君臣間以義為重；夫婦間分清司職，根本無任何負累可言，由此可斷言陽明後學若真有雜禪，其因亦不在陽明本人的學問取向。

至於宗周始疑陽明學，另有一說是宗周視陽明「只重本體不重工夫」，茲據宗周與陸以建往還的一封書信內容求取論據：

……然象山、陽明之學皆直信本心以證聖，不喜談克己工夫，則更不用學、問、思、辨之事矣。其所言博學等語，乃為經傳解釋，非

〔註34〕戴璉璋、吳光主編：《劉宗周全集（五）》，頁403～404。
〔註35〕葉紹鈞點註：《傳習錄》，頁69。
〔註36〕葉紹鈞點註：《傳習錄》，頁213。

陽明本旨。要之，<u>象山</u>、<u>陽明</u>授受終是有上截無下截，其旨險痛絕
人，與<u>龍溪</u>四無之說相似。苟即其說而一再傳，終必弊矣。觀於<u>慈</u>
<u>湖</u>、<u>龍溪</u>可見，何況後之人乎！〔註37〕

<u>宗周</u>與<u>陸以建</u>有多封往還的書信，據《<u>劉宗周年譜</u>》所記，應寫於<u>明萬</u>
<u>曆</u>四十一年間，是年<u>宗周</u>三十六歲。上列書信內容可看出<u>宗周</u>初疑<u>陽明</u>學之
重點：

1. <u>象山</u>與<u>陽明</u>二人不喜談克己工夫及進行學問的思辨。
2. <u>象山</u>與<u>陽明</u>的「博學」觀點，只為經傳作解釋，不關涉<u>陽明</u>學本旨。
3. <u>象山</u>學與<u>陽明</u>學有上截無下截，其旨與四無之說相似。

<u>宗周</u>認為以本心（本體）證聖是「上截」，屬學問的大原則層面，但如何
體證本心的發用（工夫），是克己和思辨，即「下截」，換言之，是學問的實踐
問題，但這個上、下截不能視作有高低、優劣之別。至於<u>陽明</u>以「致良知」表
工夫，只屬工夫的大方向而無內容，因此<u>宗周</u>認為<u>陽明</u>於踐履上無重大發揚，
就算言「博學」，只是解經釋傳，<u>宗周</u>肯認的「學」，是<u>孔子</u>「學而時習之」
（《<u>論語・學而</u>》）的「學」義：

「學」之為言「效」也，漢儒曰「覺」，非也。學所以求覺也，覺者
心之體也。心體本覺，有物焉蔽之，氣質之為病也。學以復性而已
焉。有方焉，仰以觀乎天，俯以察乎地，中以盡乎人，無往而非學
也。學則覺矣，時時學則時時覺矣。〔註38〕

<u>宗周</u>認為「學」要有效用，須知「學」是求心體之覺，「學」是復性，觀
天、察地、盡人事，「學」的內容是涵蓋萬事萬物的。心體本覺，若蔽於物時
便有氣質之病，需靠「學」回復道德本性。

又：

學莫要於知性，知性則能知此身之所以始與其所以終，時時庶有立
地；知性則能知萬物之所始與其所自終，處處總屬當身。〔註39〕

<u>宗周</u>強調學應有方（即工夫），因為單是應事接物，人已易墮迷思，所以
「學」另一重點是要知「性」，因為知性才能知此身之所以始與其所以終，「身」

〔註37〕戴璉璋、吳光主編，《劉宗周全集（三上）》，〈文編七・書（論學）・與陸以建
　　　　二〉（臺北：中研院文哲所，1996年），頁354。
〔註38〕戴璉璋、吳光主編，《劉宗周全集（一）》，（臺北：中研院文哲所，1996年），
　　　　頁311。
〔註39〕戴璉璋、吳光主編：《劉宗周全集（二）》，頁443。

的意思是吾人之德性生命，這是從「立地」反推得來的意思，因為個人有立足之地〔這是圖象式的象徵語〕，才能有一「有始有終」的真生命，這「真生命」當然是吾人之德性生命，所「知」的這個性當然是吾人的道德性；順此理路，知性亦能知萬物的所以始與其所以終，蓋人之德性生命有一覺，能與萬物相感通，這也是「良知」的其中一義：良知只是一個天理自然明覺發見處〔註40〕，所以陽明對於「覺者心之體」的說法應不反對，但按宗周的觀點，陽明是少言克己和思辨工夫，只指點大方向，即致良知，故為宗周詬病，恐其良知說傳世，易陷險痛之地，但宗周評象山學與陽明學「有上截無下截，其旨與四無之說相似」仍只是相似而已，因為象山學與陽明學的底子是儒家的德性學問是不容懷疑的，而且上述評論按宗周時年計算，應屬宗周早期的論點而已。

　　宗周對良知教，一方面懷疑陽明後學雜禪，另一方面相信陽明並不推舉禪，但良知教教義簡易，於踐履時拿捏不準也是有可能的，宗周對此亦有感慨之言云：

> ……然吾儒與釋氏終異途徑，即陽明先生未嘗不歷足二氏，而其後亦公然詆之，且援子靜為非禪，則必有獨覺禪之為謬者。而後人輒欲範圍三教以談良知之學，恐亦非先生之心矣。……陽明先生主腦良知，而以格物為第二義，似終與《大學》之旨有異，儒、釋之分，實介於此。在先生固已擇焉而不精，語焉而不詳矣，又何怪後人之濫觴乎？〔註41〕

以上是宗周寫予王弘臺的書信，應該寫於四十歲那年（明萬曆四十五年），從內容看來，陽明公然詆釋，又認同子靜非禪，所以宗周肯定陽明發現禪學有繆誤。「格物致知」是《大學》所啟的工夫，當時頗受學者重視，宗周亦不例外，陽明卻不採「格物」一路，只重良知的闡發，顯而易見不重工夫，宗周在當時以能否掌握《大學》教義來判儒、釋，所以便斷定陽明論學雖有所擇但不精，同時在論述時語焉不詳，尤其是陽明以「《孟子》合《大學》，專在念起念滅用工夫，而於知止一關全未勘入，失之粗且淺」〔註42〕，有關「念起念滅」及「知止」工夫，宗周在很多文章中都有評述其粗且淺處，這些話題當

〔註40〕葉紹鈞點註：《傳習錄》，頁182。
〔註41〕戴璉璋、吳光主編，《劉宗周全集（三上）》，頁357。
〔註42〕戴璉璋、吳光主編：《劉宗周全集（五）》，頁480～481。

在本文隨後一節探討。至於宗周的辨難良知教的態度，雖在他以良知教為聖學，並讚揚陽明的教法：「自孔、孟以來，未有若此之深切著明」〔註43〕後，仍然是堅持着的，因為陽明學說之「擇焉不精，語焉不詳」引發出蕩越的問題，直接改變了明末的心學發展，而宗周本人也不得不在大時代中面對陽明後學所引發的兩大問題：

> 今天下爭言良知矣，及其弊也，猖狂者參之以情識，而一是皆良；超潔者蕩之以玄虛，而夷良於賊。〔註44〕

牟宗三先生曾分判陽明後學如下：

> ……但人亦有感性之雜。所謂「即于人倫日用，隨機流行，而一現全現」，其一現全現者豈真是良知之天理乎？得無情識之雜乎？混情識為良知而不自覺者多矣。此即所謂「猖狂者參之以情識，而一是皆良」也。此流弊大體見之于泰州派。至于專講那圓而神以為本體，而不知切于人倫日用，通過篤行，以成己成物，則乃所謂「超潔者蕩之以玄虛，而夷良于賊」也。此流弊大抵是順王龍溪而來。〔註45〕

人於人倫日用中雜有感性是現實中事，前述周濂溪的「主靜立人極」的大原則，仍不能確保一現全現者為良知之天理，孔子「七十而從心所欲不踰矩」(《論語・為政》)乃聖人之理境，泰州派混情識為良知並不稀奇；至於專講那圓而神的本體而不理人倫日用者，又易陷於玄虛之境，在如此背景下，宗周終以己意詮釋《大學》，借其辨明「心」、「意」及「念」等觀念以正世道。

第三節　宗周對良知教呈顯教規模的衡定

良知教本孟子的四端之心而言工夫，其與陸象山的心學同一規模，但當中亦有相異之處，唐君毅先生曾作評論云：

> 至于陸象山與王陽明，其言心與理之義之相異處，則在象山之言心與理一，乃初就心與理之俱用俱發，而皆是之處，教人加以自覺；以使人直下緣此，以知其本心之體，乃于四端萬善之理，無不備足。

〔註43〕戴璉璋、吳光主編：《劉宗周全集（五）》，頁229。
〔註44〕戴璉璋、吳光主編：《劉宗周全集（二）》，頁325。
〔註45〕牟宗三：《從陸象山到劉蕺山》，頁452。

此乃即用顯體之教。……然在陽明，則于良知之好善惡惡，是是非非之處，見即心即理之本心之發用；于良知之好善惡惡，而無善可好，無惡可惡，是是非非，而無是可是、無非可非處，見此本心之體之雖發用，而未嘗不虛寂……〔註46〕

唐君毅先生以「心與理一」的觀點，評鑑陸象山的「心與理一」是在心與理的俱用俱發中突顯，由人當下自覺其本心之體是四端萬善之理，無有不備，這是一種心學，其所重之工夫，是即用顯體，體由用見，唐君毅先生評此為「即用顯體」之教，由直下緣此心此理證成「善」。至於陽明的良知教，一方面在良知處見即心即理的本心發用，但同時於無善可好，無惡可惡、無是可是、無非可非處，見此本心之虛寂，良知教於心理、體用與動靜不二處，的確有陸象山的心學規模，吾人觀乎陽明的「致良知」的「致」，其前致後復義，盡露「即用顯體」義，心與理在俱用俱發中一顯全現，亦是「直下緣此」證成，無一隱遁處，總言之，唯有「心學」才能有此「顯」義。

牟宗三先生就此「顯教」義，進一步點示出良知教的規模：

良知之妙用是圓而神者。雖云「良知之天理」，然天理在良知之妙用中呈現，則亦隨從良知妙用之圓而神而亦為圓而神地呈現。圓而神者即于人倫日用，隨機流行，而一現全現也。良知為一圓瑩之純動用，而無所謂隱曲者，此即所謂「顯」。其隨機流行，如珠走盤，而無方所，然而又能泛應曲當，而無滯礙，此即所謂圓而神，而亦是「顯」義也。順「本心即理」而行，直方大，不習無不利，沛然莫之能禦，實事實理坦然明白，自應如此。……若依象山的話頭說，即是「當惻隱自會惻隱」。這是一條鞭地順「本心即理」之本心為一呈現而說，故為顯教也。〔註47〕

牟宗三先生除肯定陸象山的「本心即理」義是「顯教」，並分析良知教的「顯」有以下各重意義：

1. 良知之妙用是圓而神者，天理在良知之妙用中亦為圓而神地呈現，圓而神者即于人倫日用是一現全現的，此「一現全現」可謂「顯」。
2. 就良知本體言，其圓瑩的、無隱曲的純動用，是「顯」。

〔註46〕唐君毅：《中國哲學原論·原教篇（下）》（香港：新亞研究所，1977 年 5 月修訂再版），頁 500～501。
〔註47〕牟宗三：《從陸象山到劉蕺山》，頁 451～452。

3. 就良知的「用」言，隨機流行，泛應曲當而無礙，其圓而神亦是「顯」。

陽明訓「良知」為是非之心、是天理自然明覺發見處、是一箇真誠惻怛，其知與行是合一者，故「即體即用」。陽明另有一答問云：「功夫不離本體，本體原無內外；只為後來做功夫的分了內外，失其本體了。今正要講明功夫不要有內外，乃是本體功夫。」〔註48〕，此處即見陽明規定本體原無內外之意，功夫即在本體處做。單就良知本體可稱為「圓」，此「圓」涵圓滿、圓融義，因其渾無欠缺，萬事萬理俱備，其用亦因「即體」而成圓用，故隨機流行，泛應曲當而無礙，因言「良知之妙用是圓而神者」。至於「神」者，當取周濂溪的解釋：「感而遂通者，神也」〔註49〕，因「良知」是一自然明覺，未覺時虛靈不昧，一覺即涵通天地，故為一神用、妙用。陽明本人對「神用」一義亦有說明：「誠是實理，只是一箇良知。實理之妙用流行就是神……」〔註50〕，良知是實理，其妙用流行就是神，牟宗三先生再加上「圓」義表述良知之妙用，是圓而神者。

因應良知的「體」與「用」均圓而神，故良知教呈一顯教的規模，此處之「教」，牟宗三先生也下了一嚴正的定義：

> 凡聖人之所說為教。凡能啟發人之理性，使人運用其理性從事于道德的實踐，或解脫的實踐，或純淨化或聖潔化其生命的實踐，以達至最高理想之境者為教。此是籠統一般言之。儒聖之教從道德意識入。因此，若就道德意識而言儒聖之教則當如此言：那能啟發人之理性，使人依照理性之所命而行動以達至最高理想之境者為教。依理性之所命（定然命令）而行動即曰道德的實踐。行動使人之存在狀態合于理性。因此，道德實踐必涉及存在。此涉及存在或是改善存在，或是創生一新存在。因此，革故生新即是道德的實踐。革故即是改善，生新即是創生。革故生新即是德行之「純亦不已」。〔註51〕

聖人立言立德，《中庸》首章亦云：「修道之謂教」〔註52〕，聖人隨機指點或踐形，無不是教化，但教化背後當有一嚴正的道德意識在，否則道德踐

〔註48〕葉紹鈞點註：《傳習錄》，頁196。
〔註49〕周敦頤撰、徐洪興導讀：《周子通書·聖第四》（上海：上海古籍出版社，2000年12月），頁33。
〔註50〕葉紹鈞點註：《傳習錄》，頁238。
〔註51〕牟宗三：《圓善論》（臺北：臺灣學生書局，1985年7月初版），頁306。
〔註52〕朱熹：《四書集註》，頁1。

履必下墮於相對的世俗教條中，無法顯其絕對的普遍必然性。牟宗三先生指出：凡聖人之所說為教，是一般性地說，中外東西聖哲皆如此立言立德，惟儒聖從道德意識入手，啟發吾人之道德理性，使人能據此理性之所命而去踐德，並逐步趨向最高理想之境。此道德意識本身已涵一內在的推動力量，使吾人自守所有自立的命令，因此，吾人在恪守此等命令時，已保障了行動必合乎道德、而個體的存在也是理性的。

　　牟宗三先生另有就「存在」提出一「革故生新」的觀念，此觀念非推翻吾人在經驗界之身分，漠視個體性的、生物性的一層存在意義。「革故生新」是專就道德的實踐來說，革故是改善、生新是創生，譬如孔子踐仁，「仁」這個道德意識的充極，即使吾人立地成賢成聖，改善了整體的生命，趨向最高理想之境地去。同時「仁」也是一創生實物，蓋仁者渾然與物同體，仁之潤澤感通天地，萬事萬物也成就出一種道德價值來，這也是一種創生。儒家即以德行的「純亦不二」來統稱之。

　　另楊祖漢先生將儒家的踐德與西方基督教相對較，藉此說明儒家的超越意識正顯出宗教精神的意味：

> 吾人應說中國亦有其作為日常生活之軌範，及提撕精神，啟發靈感之宗教精神，但此宗教精神已融入倫常日用之禮樂文制中，而不顯其跡了。……或可說儒者從倫常日用之生活中體證出倫常關係背後之絕對之形而上的實體——天理，然後以此理貞定人生之一切行為，使之皆成實事實理，皆為天理之具體呈現。即儒者所體證之天理是即于倫常日用之活動而顯的，不能離倫常日用而別有超然獨立之最高實體，如基督教之所表示者。是故儒學除倫常日用之禮文制度外，並無其他特異之宗教儀式……，然此倫常活動卻是充滿超越的意義者，而所體證之超越實體便既超越而亦內在，既即于人生，而又充滿超越意義。故不可說儒學所重者只為俗世之道德，只囿于現實人生而無超越之意識，而反應說儒學為唯一能正視人生，與人生不相隔，而又使之超越上遂之正大圓融之教，亦自有其極深微之超越意識，而可與西方之基督教相對較者……〔註53〕

上述內容對儒學之為「教」作了非常精煉的說明，其重點如下：

〔註53〕楊祖漢：《中庸義理疏解》（臺北：鵝湖出版社，1997 年 3 月修訂三版），頁 78～79。

1. 中國亦有宗教精神，已融入倫常日用之禮樂文制中。

2. 儒者從倫常日用中體證出倫常關係背後之絕對之形而上的實體——天理，並以此理貞定一切行為，故人的行為得為天理的具體呈現。

3. 儒學為超越上遂之正大圓融之教，因其體證之超越實體既超越又內在，既即于人生而不相隔。

楊祖漢先生將儒家與基督教相對較，非比量兩者宗教意識的厚薄，其目的只是說明儒學得為一「教」者，亦有一西方的宗教精神在，其分野在儒者由倫常關係體證出來的絕對的形而上實體，其特質是既超越而又內在的，這樣，孟子所言的「分定故也」（《孟子·盡心上》）即成一踐德的最高根據，故牟宗三先生云：「凡聖人之所說為教」，的是確論。

陽明求本心於良知，證心即理，即體即用，繼承中國儒學的既超越而又內在的精神，故良知教呈顯教的規模不容置疑。宗周對良知教稱許之處，亦是本此既超越而又內在的精神，他曾云：

歷春秋而戰國，楊、墨橫議，孟子起而言孔子之道以勝之，約其旨曰「性善」。人乃知惡者之非性，而仁昭義，君父之倫益尊於天壤，則吾道之一大覺也。……嗣後辨說日繁，支離轉甚，浸流而為詞章訓詁，於是陽明子起而救之以「良知」。一時喚醒沈迷，如長夜之旦，則吾道之又一覺也。〔註54〕

又另一處評陽明：

先生恢復心體，一齊俱了，真是有大功於聖門，與孟子性善之說同。〔註55〕

先秦儒學乃以孔子之仁說立大本，孟子再以本心證性善，人之為人的價值由道德心來確立，宗周確認此為吾道之一大覺。直至陽明提倡「良知」說，宋明儒正式回歸此道，宗周嘉許陽明喚醒沈迷，如漫長黑夜後之黎明，故此，宗周對良知教的提撕作用是非常肯定的，是有大功於聖門的。

以上宗周的讚賞語，均就整個良知教的內涵及規模而言，而宗周辨難良知教的重點則在：「特其急於明道，往往將向上一幾，輕於指點，啟後學躐等之弊有之」〔註56〕，其意是陽明急於表述良知本體的特質，對直達本體的工

〔註54〕戴璉璋、吳光主編：《劉宗周全集（二）》，頁324～325。

〔註55〕戴璉璋、吳光主編，《劉宗周全集（四）》，頁5。

〔註56〕戴璉璋、吳光主編：《劉宗周全集（五）》，頁230。

夫指點不足，使後學如泰州派等滑過去了，遂成弊端。

另楊祖漢先生再有文章論及良知教作為顯教於教相上不足之處：

> ……以良知言心體，雖顯道德是非之自發自作判斷之義，但亦容易
> 往智的作用處想，偏向分別、判斷處，而於惻怛之仁，當然之義等
> 本心本有之內容，較不易彰顯。又從知是非之智顯本心，如上文所
> 說，是顯教，似乎心體之意義全在當下呈現，一覽無遺，而非含藏
> 凝歛，深遠無盡。本體含無限德性，並不能一下子便全部顯現，故
> 含藏深遠之義，是不能去掉的。此亦是良知教作為顯教，其教相上
> 不足之處。〔註57〕

宗周對良知教的衡定其實不是極端的褒貶，尤其是宗周的為學歷程頗長，他套用《大學》的義理，替陽明補足向上的指點工夫，是希望完備儒學的正宗精神。宗周應該贊同「本體含無限德性，並不能一下子便全部顯現，故含藏深遠之義，是不能去掉的」這個論點，故規定自己的重要任務，是密收陽明的良知顯教，成就自家的誠意慎獨學，故此，他對陽明學的批評，有切有不切者，這點是需要分判出來的。

〔註57〕楊祖漢：《從王學的流弊看康德道德哲學作為居間型態的意義》，收入《鵝湖學誌第三十三期》（臺北：鵝湖月刊雜誌社，2004年12月），頁155。

第二章　宗周辨難良知教

第一節　辨難陽明的「致知格物」義

宗周終生對良知教辨難不遺餘力，「夫惟有所疑，然後有所信，夫惟信之篤，故其辨之也切」[註1]，這是宗周對陽明學的衡定，惟其有辨才更信。宗周批評陽明的一些論點，多以《大學》所標示的工夫為尺規。

《大學》原是《禮記》其中一篇，至北宋受重視，成儒者闡釋內聖之學的典籍。到朱熹時，他註釋此書成《大學章句》，合《中庸》《論語》《孟子》而成《四書集註》。據《大學・經・第一章》所言，《大學》的宗旨可分三綱及八目。前者內容包括：「大學之道，在明明德，在親民，在止於至善。」[註2]後者內容包括：「古之欲明明德於天下者，先治其國。欲治其國者，先齊其家。欲齊其家者，先修其身。欲修其身者，先正其心。欲正其心者，先誠其意。欲誠其意者，先致其知，致知在格物。」[註3]，朱子皆有註釋。三綱云：「大學之道，在明明德」，表示著者想說明《大學》乃是明德之學，是有關彰顯道德學問的文章，按句意簡述，踐德包括個人的踐履、仁愛萬民，以及在「至善」處安身立命，三個「在」此的並列句，並無規定先後序的意思。至於八目中之格物、致知、誠意、正心、修身、齊家、治國與平天下，按句式：「欲…，

〔註1〕戴璉璋、吳光主編：《劉宗周全集（五）》，〈劉宗周年譜〉（臺北：中研院文哲所，1996年），頁480～481。

〔註2〕朱熹：《四書集註》，〈大學〉（香港：太平書局，1982年），頁1。

〔註3〕朱熹：《四書集註》，頁1～2。

先…」看來，則有規定義，據「致知在格物」一語，即「在格物處便是致知」，那麼探本溯源，「格物、致知、誠意、正心」乃一體之工夫，而基礎在「正心」處，「心」指的當然是儒者的「本心」，這個「正心」也回應了三綱的「止於至善」的道德理想，進一步來說，《大學》也可說成是一「體用相即」的系統，這未必不是《大學》的本意。

朱註特重「致知在格物」的「格物」工夫，而陽明就以三綱八目中的致知、格物來配對自家的「致良知」，並對朱子的「格物窮理」工夫取向作出批評，這可算是宗周辨難陽明的第一步，以下先節錄陽明所寫〈答顧東橋書〉的部分內容再行分析：

> 朱子所謂格物云者，在即物而窮其理也，即物窮理是就事事物物上求其所謂定理者也，是以吾心而求理於事事物物之中，析心與理為二矣。……若鄙人所謂「致知、格物」者，致吾心之良知於事事物物也。吾心之良知，即所謂「天理」也。致吾心良知之「天理」於事事物物，則事事物物皆得其理矣。致吾心之良知者，致知也；事事物物皆得其理者，格物也，是合心與理而為一者也。〔註4〕

陽明的意思是十分清楚的，他批評朱子於事事物物求其定理，「心」即下陷成經驗義的，與「天理」有隔阻，是謂「析心與理為二」。朱子的「格物窮理」工夫無道德的根源智慧支撐是事實，根據《四書集註》中的《孟子》篇，朱子註孟子的「盡其心者知其性也，知其性則知天矣」一段云：

> 心者人之神明，所以具眾理而應萬事者也。性則心之所具之理，而天又是理之所從以出者也。人有是心，莫非全體。然不窮理，則有所蔽，而無以盡乎此心之量。故能極其心之全體而無不盡者，必其能窮天理而無不知者也。既知其理，則其所從出亦不外是矣。以大學之序言之，知性則「物格」之謂，盡心則「知至」之謂也。〔註5〕

心具眾理而應萬事，性是心所具之理，天又是理之所出，驟然觀之，朱子視心、性、天和理為一，並以人有是心為全體，此可謂本體層面的理解。可惜此本體藉賴彰顯的工夫由「窮理」而來，並由「物格」來知性，由「知至」來明「盡心」，此不諦孟子義，盧雪崑先生對這個問題有很清楚的解說：

> 朱熹言「性則心之所具之理」，如此說性，意指存在之存在性。此

〔註4〕葉紹鈞點註：《傳習錄》（臺北：臺灣商務印書館，1967 年），頁 112～113。
〔註5〕朱熹：《四書集註》，頁 187。

不合孟子從道德創造之性能說性之義。朱子未能把握孟子言性善之性之創生義，其對「盡心」、「知性」之注解亦與孟子原意相違。朱子以格物窮理說「知性」，以「知至」說「盡心」，其所言之「知」是認知義，所謂「知至」即依所知之理盡心力而為之。如此一來，必成虛位字，成道德之他律。孟子說「盡心」意即充分體現本心，並非說心外有一待知之理而後服從之。孟子言「盡其心者知其性也」，原意是充分體現其「四端之心」的人，就可知道他的真性之何所是。孟子言「知性」之知，是實踐的知，就是在道德實踐中證知的意思。〔註6〕

盧雪崑先生分析了朱子所言之性是存在之存在性，不合孟子所說的道德性的性，此點極為重要，因為陽明所言之良知良能即是孟子義的心與性。基於上述觀點的分歧，朱子的知性、知至的「知」是認知義，而孟子的「盡心知性知天」的「知」是體證地知，故前者只成就他律的道德，而孟子卻透過「盡心知性知天」成就了「心性天一」的自律道德規模。

陽明透過孟子的「證知」義，指出《大學》的「致知」應是「致吾心之良知」，亦即「天理」。至於：「若鄙人所謂『致知、格物』者，致吾心之良知於事事物物也……是合心與理而為一者也」一段，現另據蔡仁厚先生的分析，明陽明的「致知格物」的宗旨：

> 陽明解「格物」為「正物」，物即是事。解知為良知，「致知」即是「致良知」。良知本明，知是知非，凡意之所在的種種事為，以及是非之「宜」，與該如何不該如何之「義」，全在良知之本覺中。良知所覺的「是非」「宜」「義」，即是良知之天理。以良知之天理，正意之所及的種種事為；或者說，推致吾心良知之天理於意之所使的事事物物，使事事物物皆得到良知天理之潤澤而各得其正：這就是「格物」。據此，則所謂「致知」，乃是不讓良知為私欲所間隔，而把它推致擴充到事事物物上。〔註7〕

陽明曾云：「我解格作正字義，物作事字義。」〔註8〕，蔡仁厚先生即據

〔註6〕盧雪崑：《儒家的心性學與道德形上學》（臺北：文津出版社，1991年初版），頁74。

〔註7〕蔡仁厚：《王陽明哲學》（臺北：三民書局，2000年8月第四版），頁29。

〔註8〕葉紹鈞點註：《傳習錄》，頁261。有關「格」之字源資料，可參考蔡仁厚先生的《王陽明哲學》，頁30。

此分析得出：「格物」為「正物」，「正物」即是「正事」；知為良知，「致知」即是「致良知」。吾人以良知的天理去正意之所在的種種事物〔此處按陽明於〈答羅整菴少宰書〉中有關「理」以其主宰之發動為「意」解，可參考本章第二節〕，並將良知擴充出去，擴充所到之處，事事物物皆得到良知天理之潤澤而各得其正。所以，正物才是事事物物的真實完成，這種完成不能靠賴認知心去掌握，而是致吾人之良知才是真工夫的所在，作如此理解下的「致知格物」，才能是心與理合一。概括言之，此「理」不同於朱子的「格物窮理」的理，因為朱子是在事事物物上求其定然之理，故朱子所言是物之理，陽明所指卻是天理，兩者同有「理」之名但是異質。這種「致良知」的說法，保證了吾人道德主體內在的獨立性，同時，在此道德主體觀照下，事事物物皆得其理，陽明即定此為「格物」。

陽明又於〈答聶文蔚〉一文中再說明他以「致良知」配對《大學》的義理：

> 夫「必有事焉」，只是「集義」，「集義」只是「致良知」。說「集義」，則一時未見頭腦，說「致良知」即當下便有實地步可用工。故區區專說「致良知」。隨時就事上致其良知，便是「格物」；著實去致良知，便是「誠意」；著實致其良知，而無一毫意、必、固、我，便是「正心」。著實致良知，則自無忘之病；無一毫意、必、固、我，則自無助之病。故說「格、致、誠、正」，則不必更說箇「忘、助」。〔註9〕

以上是陽明以「致良知」去解《大學》的格物、致知、誠意及正心四項工夫。隨時就事上致其良知，便是「格物」，這個說法與他在〈答顧東橋書〉中所言：「致吾心之良知者，致知也；事事物物皆得其理者，格物也」是一致的，只是此處更強調「致良知」在踐履上的優先性，隨時就事上用工夫。因此，《大學》的格物、致知、誠意及正心四項，在陽明眼中，一統是「致良知」的起用而已，當中的心、意、知與物，也是良知明覺觀照下的四項，這樣的理解未必不符《大學》的本旨，但宗周在「意」處卻有另一重考慮，基於：「著實去致良知，便是『誠意』」，如果不能著實去致良知，那麼這個「意」是否有機會為一不善者，需要由吾人著實去致良知後再轉為一善者？這個未定位的「意」會直接影響心、知和物的本質內容，故此「誠意」一項即成宗周辨難陽

〔註9〕葉紹鈞點註：《傳習錄》，頁 180～181。

明的焦點，有關論辯的詳情會於稍後篇幅闡析。

另陽明亦曾與聶文蔚討論「勿忘勿助」的工夫，此工夫乃源自孟子語：「必有事焉，而勿正；心勿忘，勿助長也。」〔註10〕蔡仁厚先生指陽明套用孟子的「必有事焉」，採其「集義」義，界定這就是「致良知」：

> 孟子認為「仁義內在」，所以「集義」只是表現內心本有之義而已。表現內心之義當然不能一曝十寒，因此，縱貫地說，集義是不間斷的，並非偶一為之，故曰「必有事焉」；內在地說，集義是表現內心本有之義，故曰「非義襲而取之也」。（告子「義外」，即是向外襲取，故孟子闢之。）總之，所謂集義，乃是「隨時表現內心之義」，以為其所當為之事。這與本乎良知之明以好善惡惡，以應萬事萬變，同樣都是孟子所謂「由仁義行」。所以陽明便進一步說「集義只是致良知」。〔註11〕

陽明借孟子「義內」之意再釋「致良知」可切實用力於事事物物，是合理的，順此路而解《大學》的「致知」，則格致誠正便能貫通串連，當然，最後的真切工夫仍在「致良知」處。

陽明評朱子之言合不合《大學》原意，其實無損吾人對《大學》義理的掌握，因《大學》文本眾多，但原文篇幅簡潔，不論朱子所訂的《大學章句》或陽明所重的《大學古本》，因各執重點而成其系統，所以能名重一時。至於宗周所據之文本，是來自高攀龍的崔銑改本，大致與《大學古本》內容同，只是「誠意」章中有小量章節有調動〔註12〕，因此，我們不用探究誰人能真正繼承《大學》，只要分判清楚各人的立論點，便能進行義理上的衡定，尤其是宗周的用心在：收歸陽明的致良知教為自己的誠意慎獨的密教，此為「調順義理後納為己用」的方式。

首先，就「格物致知」義所引申出的「誠意」問題，宗周於〈答史子復二〉有很清楚的提問：

> 竊嘗論之，據僕所窺，《大學》之道，誠意而已矣；陽明子之學，致良知而已矣。而陽明子亦曰：「大學之道，誠意而已矣。」凡以亟復

〔註10〕朱熹：《四書集註》，頁39。
〔註11〕蔡仁厚：《王陽明哲學》，頁116～117。
〔註12〕有關《大學》的文本分類，可參考林慶彰：〈劉宗周與大學〉，收入鍾彩鈞主編：《劉蕺山學術思想論集》（臺北：中研院文哲所籌備處，1998年），頁319～323。

古本,以破朱子之支離,則不得不遵古本以誠意為首傳之意而提倡之。至篇終乃曰:「致知焉盡之矣。」又鄭重之曰:「致知存乎心悟。」亦何怪後人有矛盾之疑乎?前之既重正心,而曰「眼中著不得金玉屑」,後之又尊致良知,而以知是知非為極則,於學問宗旨已是一了百當,又何取此黍稗雙行之種子而姑存之?而且力矯而誠之?誠其有善,固可斷然為君子;誠其有惡,豈不斷然為小人?卒乃授之知善知惡,而又為善而去惡,將置「《大學》之道,誠意而已矣」一語於何地乎?僕不敏,不足以窺王門宗旨,抑聊以存所疑,竊附於整菴、東橋二君子之後,倘陽明子而在,未必不有以告我也。〔註13〕

宗周據陽明於〈大學古本序〉云:「《大學》之要,誠意而已矣。誠意之功,格物而已矣。誠意之極,止至善而已矣。止至善之則,致知而已矣。……」〔註14〕,以他既贊同《大學》之道正是誠意,但又以「誠意」歸于「格物」,並以「致良知」為止于至善的大原則,這樣解《大學》,是為學宗旨上的不一致。

我們細察宗周的疑問,其實他預定了若干的前設:

1. 《大學》之道是「誠意」;陽明之學是「致良知」,二者不同。

2. 陽明恢復《大學》古本是想破朱子的支離,故不得不遵古本以誠意為首傳之意。

3. 陽明於〈大學古本序〉末以「乃若致知,則存乎心」為定案,無必要再尊「致良知」。

4. 「誠其有善,固可斷然為君子,誠其有惡,豈不斷然為小人?」一段,以反問句的形式,借「誠其有善為君子」推斷出「誠其有惡為小人」,藉此質疑陽明理解的「誠意」。

其實宗周是以己意去詮釋《大學》之道與陽明之學,陽明本人復《大學》古本的目的其實與宗周無異,他們都是不接受朱子的「析心理為二」,但「致良知」未必不能包涵「誠意」工夫在內,牟宗三先生對此作出以下判語:

「《大學》之道誠意而已矣」,是說工夫總歸結在誠意,亦因意之誠不誠乃是總關節所在也。「欲誠其意,先致其知。」「致知焉盡之矣」,

〔註13〕戴璉璋、吳光主編,《劉宗周全集(三上)》,〈文編七‧書(論學)‧答史子復二〉,(臺北:中研院文哲所,1996年),頁455。

〔註14〕〔明〕王守仁撰,吳光、錢明、董平、姚延福編校:《王陽明全集(上)》〈大學古本序〉(上海:上海古籍出版社,1992年12月第一版),頁242~243。

蓋此正是實現此「誠其意」者。此有何矛盾可言？儘管《大學》之致知不必是「致良知」，但致知以誠意，致知是所依以達到誠意者，這語脈總是對的。〔註15〕

牟宗三先生順語脈言《大學》工夫總歸結在誠意，而致知是所依以達到誠意者，陽明以「致良知」解致知亦通，故言宗周此評乃無謂的周納。楊祖漢先生對宗周的疑難亦有以下的疏解：

蕺山認為，若說《大學》之要在於誠意，何以又要強調致知，而說「致知焉盡矣」？故他說「何怪後人有矛盾之疑」。當然若依陽明，這只是表面上的不一致，其實是可以說明的，決不是矛盾。致良知乃是使意能誠之根據，「致知者誠意之本也」（〈古本序〉），即誠意是《大學》的重點，而致知是入手的工夫，這是說得通的。而蕺山則死守以誠意為首要之意，認為誠意工夫已足，不必在誠意之外，另有獨立的致良知之工夫。因此他所說的意，乃是好善惡惡之意，此意若存，則便無為惡的可能。蕺山此說，當然在義理上是可以成立的，但這是否比陽明之說更為優勝，則很難說。誰比較合於《大學》之原義，亦很難有定論。〔註16〕

楊祖漢先生的分析十分精確，若致良知是意能誠的根據，則《大學》倡誠意，而陽明以致知為入手的工夫，在良知教本身的義理系統上，是沒有矛盾的，蓋陽明視「致知」為「致良知」。至於宗周批評陽明既言正心，吾人籍此心體必知是知非，何須留一「力矯而誠之」的工夫在？宗周認為這樣只顯得「意」離心而已，故執持在「意」上用功，只肯定「意」乃是「好善惡惡之意」，「誠意」為首出的工夫，以對治陽明後學蕩越開去的問題，可見宗周「誠意」之學的極成並不是偶然之事。

宗周批評陽明的這個觀點，在他晚年〔六十六歲〕所著的〈良知說〉中更形鮮明：

陽明子言良知，最有功於後學，然只是傳孟子教法，於《大學》之說，終有分合。〈古本序〉曰：「《大學》之道，誠意而已矣。誠意之功，格物而已矣。格物之極，止至善而已矣。止至善之則，致良知

〔註15〕牟宗三：《從陸象山到劉蕺山》（臺灣：學生書局，1979 年 8 月初版），頁 467。
〔註16〕楊祖漢：〈從劉蕺山對王陽明的批評看蕺山學的特色〉，收入鍾彩鈞主編：《劉蕺山學術思想論集》，頁 47。

而已矣。」宛轉說來，頗傷氣脈。至龍溪所傳〈天泉問答〉，則曰：
「無善無惡者心之體，……。」益增割裂矣。即所云良知，亦非究
竟義也。〔註17〕

宗周認為陽明求本心於良知，只傳了孟子的教法而已，在《大學》的格物
致知義上是滑落了「良知本心」。他再次批評陽明以「致良知」來解《大學》的
說法，說來宛轉又傷氣脈，即不能以工夫直達本體。陽明後學如王龍溪於〈天
泉問答〉中提出有關「無善無惡心之體」的說法，宗周更肯定是支離破碎之言。

我們再參考宗周於〈證學雜解〉中的解答，便可更明白他的用心：

夫陽明之「良知」，本以救晚近之支離，姑借《大學》以明之，未必
盡《大學》之旨也。而後人專以言《大學》，使《大學》之旨晦；又
借以通佛氏之玄覺，使陽明之旨復晦。又何怪其說愈詳而言愈厖，
卒無以救詞章訓詁之錮習，而反之正乎？司世教者又起而言誠意之
學，直以《大學》還《大學》耳。爭之者曰：「意，稊種也。」予曰：
「嘉穀。」又曰：「意，枝族也。」予曰：「根荄。」是故知本所以
知至也，知至所以知止也，知止之謂致良知，則陽明之本旨也，今
之賊道者，非不知之患，而不致之患，不失之情識，則失之玄虛，
皆坐不誠之病，而求之於意根者疏也。〔註18〕

根據上一段引文：「夫陽明之『良知』，本以救晚近之支離，姑借《大學》
以明之，未必盡《大學》之旨也」，可見宗周對陽明學的衡定態度，他肯定陽
明以「良知」救當世支離的學風，並了解陽明借《大學》去詮釋「致良知」的
意圖，雖傷氣脈，未必盡《大學》的宗旨，但仍應該被允許的。但宗周間中又
持相反的意見，包括堅執陽明於《大學》古本序末以「致知存乎心」為定案，
無必要再尊「致良知」等觀點。

宗周所以有上述看似矛盾的意見，其實是想指出有些後學只以陽明觀點
解《大學》，更甚者以玄覺配言「良知」，這樣《大學》的本旨必被曚混。宗周
本人重「誠意」之學，並以嘉穀、根荄等植物必需之部分喻「意」，指出「意」
就是本。宗周以己意表述陽明的「致良知」應是「知止」，「知止」由「知至」
來，「知至」乃「知本」之謂。宗周評不諦陽明「致良知」義者，就病在「不

〔註17〕戴璉璋、吳光主編：《劉宗周全集（二）》，（臺北：中研院文哲所，1996年），
頁372。
〔註18〕戴璉璋、吳光主編：《劉宗周全集（二）》，頁325。

致」、「不誠」，並對「意根」疏忽了。這個「意根」就是「知本」中的「本」，簡言之就是「意是根本」，故宗周解讀《大學》即在「意根」上下工夫。

其次，宗周既批評陽明只傳了孟子的教法，那麼由「意根」而來的另一重要課題，便是如何與「良知本心」掛勾了。這個「良知本心」一定要是孟子的四端之心才能貞定住「意」，否則「意根」只是虛名，「意」可能只在虛應事物，下陷於宗周所言之：「誠其有惡，斷然為小人」的境地。基於這個想法，宗周提示秦履思「致知」工夫的確義：

> 先生曰：「致知有二義：從橫說，在即此以通彼；從豎說，在由表以徹裏。人心未嘗無知，只是明一邊又暗一邊。若彷彿舉得全副，卻又只是明箇外一層，於透底處全在窣黑地，如此安得不用箇格物之功？」……曰：「此從本心判斷合如此，抑是講究見成物理如此？」先生曰：「講究物理合當如此，而吾遂如此，正是此心判斷處。不可謂離卻物理，另有本心也。」……先生曰：「任君從本心看取得，但為學者說工夫處，須說箇物理。」〔註19〕

宗周以橫說及豎說言「致知」的兩個取向，目的只在說明「致知」要通人、我、物（橫說的「致知」），在我處更要表裏一致（豎說的「致知」），故以「人心未嘗無知」、「從本心看取便得」標示本心的重要；另學者不能不面對真實的人生正是「明一邊又暗一邊」，這「暗一邊」由人的感性層而來，故需言「格物」工夫，但「格物」絕不是朱子所言的窮格「物之理」義，關鍵處仍在本心處，由本心來葆荏「意」才是宗周言《大學》「致知格物」的主旨。

第二節　釐清陽明的「心意知物」義

宗周於〈學言上〉曾云：

> 釋氏之學本心，吾儒之學亦本心，但吾儒自心而推之意與知，其工夫實地卻在格物，所以心與天通。釋氏言心便言覺，合下遺卻意，無意則無知，無知則無物。其所謂覺，亦只是虛空圓寂之覺，與吾儒體物之知不同；其所謂心，亦只是虛空圓寂之心，與吾儒盡物之心不同。〔註20〕

〔註19〕戴璉璋、吳光主編：《劉宗周全集（二）》，頁387～388。
〔註20〕戴璉璋、吳光主編：《劉宗周全集（二）》，頁434。

以上一段話，正是分判釋、儒之最好推證。宗周以儒學本心，明由本心所推出之意與知，皆為道德義的，由此而來的「格物」工夫，顯「心即理」義，理是天理，故心與天通。釋氏言心卻是採「覺」義，這「覺」不是虛靈明覺，是玄覺，顯虛空圓寂之境，故無「意」，即心無任何所存所發，由此無體物之知，既無知，故言無物。宗周正是以上述這種儒學的觀點去理解《大學》的「心意知物」四項。

上文既已就陽明解讀《大學》的「致知在格物」工夫進行分判，並說明宗周辨難的重點。本節則希望通貫陽明理解下的「格物、致知、誠意、正心」，視四項為一個整全的踐履工夫，透過「格、致、誠、正」的過程，找出宗周所言的「心意知物」四者的本質內容。

在陽明的《傳習錄》中，由黃以方所錄的一段話，有一個理解「心意知物」的重要線索，現順各節疏解如下：

> 大學之所謂身，即耳目口鼻四肢是也。欲修身，便要目非禮勿視，耳非禮勿聽，口非禮勿言，四肢非禮勿動。要修這個身，身上如何用得工夫？心者身之主宰。目雖視，而所以視者心也。耳雖聽，而所以聽者心也。口與四肢雖言動，而所以言動者心也。故欲修身，在於體當自家心體，常令廓然大公，無有些子不正。主宰一正，則發竅於目，自無非禮之視；發竅於耳，自無非禮之聽，發竅於口與四肢，自無非禮之言動。此便是修身正其心。
>
> 然至善者心之本體也。心之本體那有不善？如今要心正，本體上何處用得功？必就心之發動處，纔可著力也。心之發動，不能無不善，故須就此處著力，便是誠意。如一念發在好善上，便實實落落去好善；一念發在惡惡上，便實實落落去惡惡。意之所發既無不誠，則其本體如何有不正的？故欲正其心，在誠其意。工夫到誠意，始有著落處。〔註21〕

《大學》云：「欲修其身者，先正其心」，陽明視耳目口鼻四肢為「身」，「耳目口鼻四肢」均為吾人接觸經驗界的中介媒體，也是人體的部分器官肢體，但儒者視「心」為一內在的道德本心，非一外在化、生物義的心。欲修其身者，卻須先正其心，這顯示修身與正心兩者之間有一個跳躍，由於「正」的這個「心」要在經驗界中展現其成果，即發竅於「耳目口鼻四肢」，「修」的這

〔註21〕葉紹鈞點註：《傳習錄》，頁 261～262。

個「身」又要藉一超越的原則貞定住才能合禮，因此，儒家的踐履是既超越而又內在的，當然，要踐履得宜，還是要靠這個「心」來作橋樑，故陽明規定「心者身之主宰」，要常內自省，心能廓然大公，主宰一正，身便無不合禮了。

陽明規定「心之本體」為「至善」，那麼「正」的工夫要落在何處呢？陽明即以心之發動一定要確保為「善」，以保障「身」因心的主宰必為一合禮者，故要求吾人在「心之發動處」着力，這便是誠意的工夫了。陽明隨即以「一念發在好善上，便實實落落去好善；一念發在惡惡上，便實實落落去惡惡」為例，以「念」之所發必實實落落去好善惡惡來確保心之必正。在這裏應該引發了一些問題，導致宗周的質疑，包括：以心之發動處來說明「正」的着力點，隱然表示心之發動未必善才需「正」？還有，心之發動必關聯對象，而且好像有「好善」和「惡惡」兩個方向，這個「心」之本體卻純然就自身是「至善」的來定義，那麼顯而易見，「體」是一層，發動處又是另一層，體與用在這裏要如何掛勾呢？「故欲正其心，在誠其意」，但這個「意」又成了可發好善惡惡的「念」，就句意看來，「念」好像是「意」的別稱，在這裏，要釐清「意」和「念」嗎？

陽明採《大學》的論述方式，再向前推證如何保障誠意後「心之發動」必為「善」者，故再云：

> 然誠意之本，又在致知也。所謂人所不知而己所獨知者，此正是吾心良知處。然知得善，卻不依這個良知便做去，知得不善，卻不依這個良知便不去做，則這個良知便遮蔽了，是不能致知也。吾心良知既不能擴充到底，則善雖知好，不能著實好了；惡雖知惡，不能著實惡了，如何得意誠？故致知者，誠意之本也。
>
> 然亦不是懸空的致知，致知須在實事上格。如意在於善，便就這件事上去為；意在於去惡，便就這件事上去不為。去惡，固是格不正以歸於正；為善，則不善正了，亦是格不正以歸於正也。如此，則吾心良知無私欲蔽了，得以致其極；而意之所發，好善惡惡，無有不誠矣。誠意工夫實下手處，在格物也。若如此格物，人人便做得。人皆可以為堯舜，正在此也。〔註22〕

要保障誠意之工夫履行不誤，陽明用「誠意之本在致知」來肯認之。致知之「知」是「人所不知而己所獨知者」，即是「吾心良知處」。陽明亦很清楚

〔註22〕葉紹鈞點註：《傳習錄》，頁 261～262。

吾人有依或不依良知去做的兩種可能性，故要致這個「良知」，換言之，要擴充推廣到底才成。那麼，應如何「致知」？陽明規定在「實事上格」，所謂「實事」，即「意在於善，便就這件事上去為；意在於去惡，便就這件事上去不為」，去惡為善均是格不正以歸正，此為「格物」之謂，亦即是「誠意」工夫著力處，陽明肯定人人能做，故人人皆有可以為堯舜的可能性。

陽明上述之意思亦再見於《傳習錄》中：

> 先生又曰：『「格物」如《孟子》「大人格君心」之格，是去其心之不正，以全其本體之正。但意念所在，即要去其不正，以全其正，即無時無處不是存天理，即是窮理，「天理」即是「明德」，窮理即是「明明德」。』〔註23〕

陽明此段話，源自《孟子‧離婁》：「……惟大人為能格君心之非，君仁莫不仁，君義莫不義，君正莫不正，一正君而國定矣」數語，此處確定「格」為「正」義，「格物」的「物」勉強言之有一本體義，因此本體義由「心」格後才浮顯出來，路徑迂迴。陽明進一步就意念所在言「正」之功，即無時無處不是存天理，此處視「意念」為整一者，可見「意」、「念」及「意念」在其系統中，皆指向同一概念，只是陽明混雜使用，但宗周在這方面卻有一行使的大原則在，有關詳情將於稍後篇幅分析。

至於陽明以「人所不知而己所獨知者」訓「良知」，是採用了朱子訓《大學‧誠意》章中：「所謂誠其意者，毋自欺也。如惡惡臭，如好好色，此之謂自謙，故君子必慎其獨也」中「獨」的意思，朱註云：「獨者，人所不知而己所獨知之地也。言欲自修者，知為善以去惡，則當實用其力而禁止其自欺，使其惡惡則如惡惡臭，好善則如好好色，皆務決去，而求必得之以自快足於己，不可徒苟且以徇外而為人也。然其實與不實，蓋有他人所不及知而己獨知之者，故必謹之於此以審其幾焉」〔註24〕，當然，陽明雖採「人所不知而己所獨知」之意訓「良知」，但工夫進路一定不是朱子的「格物窮理」方式，此處可算是陽明託詞比附己意而已。

總結上述四小節引文，在陽明分析下，《大學》的修身應通貫「格物、致知、誠意、正心」為一整全者方能實踐出來。陽明既求良知於本心，則「心意知物」應該也是由「良知」一以貫之才符合系統的要求，陽明曾有總結語云：

〔註23〕葉紹鈞點註：《傳習錄》，頁15。
〔註24〕朱熹：《四書集註》，頁6。

先生曰：「……只要知身、心、意、知、物是一件。」

九川疑曰：「物在外，如何與身、心、意、知是一件？」

先生曰：「耳、目、口、鼻、四肢，身也，非心安能視、聽、言、動？心欲視、聽、言、動，無耳、目、口、鼻、四肢亦不能。故無心則無身，無身則無心。但指其充塞處言之謂之身，指其主宰處言之謂之心，指心之發動處謂之意，指意之靈明處謂之知，指意之涉著處謂之物，只是一件。意未有懸空的，必著事物，故欲誠意，則隨意所在某事而格之，去其人欲而歸於天理，則良知之在此事者無蔽而得致矣。此便是誠意的功夫。」〔註25〕

　　據陽明言「無心則無身，無身則無心」，只是說明「心」需在經驗層彰顯而已，重點仍在「心為身之主宰」處。至於心之發動即意之發動，皆須著物亦可理解，但「意」分為靈明處及涉著處兩層，則從前者方面所言之「物」是無有不正的，因由良知之明覺感通涵蓋住，而從後者角度看來，則意所涉及之物，便有不正之可能，因此「格」之工夫可援引進來，由致良知以誠之或正之，此時之「意」與「物」均具種種經驗色彩，不能以實體觀念規定其本質。在這裏清楚的揭示了良知教在系統上的盲點：「意」的本質與作用層分割了，致「心」之實體義不能整全地保存「意」；隨「意」的作用涉及的「知」、「物」也不能倖存它們的超越義，上文曾引述的〈答羅整菴少宰書〉便是一個明證：

理一而已。以其理之凝聚而言，則謂之性；以其凝聚之主宰而言，則謂之心；以其主宰之發動而言，則謂之意；以其發動之明覺而言，則謂之知；以其明覺之感應而言，則謂之物……〔註26〕

　　牟宗三先生分析以上引文，得出結論如下：

據此，則心之發動為意，發動之明覺為知，明覺之感應為物。發動得明覺，則意即是從知之意。但有時為感性條件所影響，亦可發動得不明覺，此便不是從知之意。從知不從知，良知皆知之。故必須致良知以誠其意。意之所用為物。意之所用固有時可是中性的，只是一件事，如事親，治民，讀書，聽訟等，作得合良知之天理為好，否則為不好。但有時亦可起一惡念，此時意之所用便是惡。當然亦可起一善念。意之發動總是有種種顏色的。故必須通過致良知皆使

〔註25〕 葉紹鈞點註：《傳習錄》，頁 192～193。

〔註26〕 葉紹鈞點註：《傳習錄》，頁 168。

之成為善者。及其皆成為善者,則意之發動皆是順從良知明覺而發,如是,則說意之所用為物即等於說明覺之感應為物,而物亦皆在明覺之天理中而無不正者。從明覺之感應說物,嚴格講,與從意之所用說物,是不同其層次的。後者的說法,意與物是有種種顏色的,故必有待於致良知以誠之與正之。而前者的說法,則無如許參差,唯是良知天理之流行,意不待誠而自誠,物不待正而自正。〔註27〕

從上述的分析得出以下幾個意思:

1. 吾人有時為感性條件所影響,有從知不從知的「意」,從不從知「良知皆知之」。

2. 意之所用有時是中性的,但亦可因一善或惡念而染上種種顏色。

3. 從「明覺之感應」說物與從「意之所用」說物,是有不同層次的。

陽明面對「意」與「知」的問題,一併從「心之虛靈明覺」處立根本,云:

> 心者,身之主也;而心之虛靈明覺,即所謂本然之良知也。其虛靈明覺之良知應感而動者,謂之意。有知而後有意,無知則無意矣。知非意之體乎?意之所用,必有其物,物即事也。如意用於事親,即事親為一物,意用於治民,即治民為一物,意用於讀書,即讀書為一物,意用於聽訟,即聽訟為一物。凡意之所用,無有無物者。有是意,即有是物。無是意即無是物矣。物非意之用乎?〔註28〕

陽明規定「其虛靈明覺之良知應感而動者」才是「意」。有知而後有意,無知則無意,並且規定「意之所用,無有無物者」,故有是意,即有是物。根據陽明的規定,仍然是在理論層面補足系統所需,而上述「從知不從知」的「意」該如何葆荏?「念」與「物」又該如何執持仍未定案。

陽明既視「格物、致知、誠意、正心」為一整全的踐履系統,但又面對上述有關的疑難,他的學生王龍溪(汝中)與錢德洪便曾在天泉橋與之討論,《明儒學案》中的〈浙中王門學案二〉有若干討論內容云:

> 天泉證道紀,謂師門教法,每提四句。無善無惡心之體,有善有惡意之動,知善知惡是良知,為善去惡是格物。……先生謂之權法,體用顯微,只是一機,心意知物,只是一事。若悟得心是無善無惡

〔註27〕牟宗三:《從陸象山到劉蕺山》,頁234~235。
〔註28〕葉紹鈞點註:《傳習錄》,頁116~117。

之心，則意知物，俱是無善無惡。……陽明曰，吾教法原，有此兩
種，四無之說，為上根人立教，四有之說，為中根以下人立教，上
根者，即本體便是工夫，頓悟之學也。中根以下者，須用為善去惡
工夫，以漸復其本體也。〔註29〕

據《傳習錄》中，亦有陽明評論兩位學生之見，並再說明己意云：

……二君之見，正好相資為用，不可各執一邊。我這裏接人，原有
此二種。利根之人，直從本原上悟入，人心本體原是明瑩無滯的，
原是箇未發之中；利根之人一悟本體即是功夫，人己內外一齊俱透
了。其次不免有習心在，本體受蔽，故且教在意念上實落為善、去
惡，功夫熟後，渣滓去得盡時，本體亦明盡了。汝中之見，是我這
裏接利根人的；德洪之見，是我這裏為其次立法的。二君相取為用，
則中人上下皆可引入於道……〔註30〕

陽明透過《大學》詮釋「良知教」，其說被濃縮為「四有句」：「無善無惡
心之體，有善有惡意之動。知善知惡是良知，為善去惡是格物」，陽明認為悟
得心是無善無惡時，那麼意知物一併是「無善無惡」的了（四無），這是為「上
根」之人立的頓悟之學，一悟即顯本體，一悟本體即是功夫；至於「中根」以
下的人有習心在，則要做為善去惡的工夫復其本體（四有），功夫熟後本體亦
會明盡。王龍溪總結其師陽明之意，確定這是「權法」，最終：「體用顯微，只
是一機，心意知物，只是一事」。

宗周就「四有句」，曾直指陽明錯解「意」，直把「念」作為意，間接亦批
評了「四有句」所顯的工夫，宗周於〈學言中〉云：

看《大學》不明，只為意字解錯，非干格致事。漢疏八目先誠意，
故文成本之曰：「大學之道，誠意而已矣。」極是。乃他日解格致，
則有「意在乎事親」等語，是亦以念為意也。至未起念以前一段工
夫坐之正心位下，故曰：「無善無惡者心之體，有善有惡者意之動。」
夫正心而既先誠意矣，今欲求無善無惡之體，而必先之於有善有惡
之意而誠之，是即用以求體也。即用求體，將必欲誠其意者先修其
身，……種種都該倒說也。此亦文成意中事，故曰：「明明德以親民，

〔註29〕楊家駱主編、黃宗羲撰：《明儒學案》，〈浙中王門學案二〉（臺北：世界書局，
　　　　1984年2月4版），頁101。
〔註30〕葉紹鈞點註：《傳習錄》，頁258。

而親民正所以明其明德。」至以之解《中庸》，亦曰：「致中無工夫，
工夫專在致和上。」夫文成之學以致良知為宗，而不言致中，專以
念頭起滅處求知善知惡之實地，無乃麤視良知乎？〔註31〕

宗周以陽明由致良知之工夫反求良知本體是「即用以求體」、「工夫在致
和上」，這理解恰當，但宗周進一步據「即用以求體」義逆轉倒證為「將必欲
誠其意者先修其身」，再評陽明失卻「致中」工夫。有關「中」和「和」，應是
《中庸》第一章內：「喜怒哀樂之未發謂之中，發而皆中節謂之和。……致中
和，天地位焉，萬物育焉」數語引申出來的問題，「致中和」亦是宋明儒關心
的課題。其實陽明的致和便是致中的工夫，《傳習錄》中有相類課題，例如：

工夫難處，全在「格物」「致知」上，此即「誠意」之事。意既誠，
大段心亦正，身亦自修。但「正心」、「修身」工夫亦各有用力處，「修
身」是已發邊，「正心」是未發邊，心正則中，身修則和。〔註32〕

宗周即以上論為將「意」看錯之舉，云：

先生既以良知二字冒天下之大道，安得又另有正修功夫？止因將意
字看作已發了，故工夫不盡，又要正心，又要修身；意是已發，心
是未發，身又是已發。……〔註33〕

由以上的分析，我們能肯定宗周的評價合理，蓋陽明視「格、致、誠、
正」為一貫者，故「致良知」工夫能一體包攬之。至於「心」「意」的已發未
發問題，宗周想就辨清「四有句」，進一步解構「心意知物」四者的本質內容
後找到確論，他認為唯有作此工作，陽明後學引發的問題才能得一徹底的解
決，以下即分述其論證過程及得失。

第三節　簡別陽明的「四有句」義

一、無善無惡心之體

宗周對陽明之辨難深且切，上文曾引《劉宗周年譜》云：

先生於陽明之學凡三變，始疑之，中信之，終而辨難不遺餘力。始

〔註31〕戴璉璋、吳光主編：《劉宗周全集（二）》，頁498～499。
〔註32〕葉紹鈞點註：《傳習錄》，頁66。
〔註33〕戴璉璋、吳光主編，《劉宗周全集（四）》，〈哀纂・陽明傳信錄三〉（臺北：中
　　　研院文哲所，1996年），頁73。

疑之，疑其近禪也。中信之，信其為聖學也。終而辨難不遺餘力，謂其言良知，以《孟子》合《大學》，專在念起念滅用工夫，而於知止一關全未勘入，失之粗且淺也。夫惟有所疑，然後有所信，夫惟信之篤，故其辨之也切。而世之競以玄渺稱陽明者，烏足以知陽明也與！〔註34〕

總括宗周評陽明以《孟子》合《大學》言良知，只傳了《孟子》學的「形」（教法），而沒有「神」，而宗周辨難陽明釋「意」的第一大事，是陽明專在念起念滅處用工夫，但不「知止」。以上的批評是否恰當，可再就「四有句」：「無善無惡心之體，有善有惡意之動。知善知惡是良知，為善去惡是格物」來審察，以下即按宗周的批評分句討論。

有關「心之體」，除了「至善者心之本體」〔註35〕的說法，陽明再云：

無善無惡者理之靜，有善有惡者氣之動。不動於氣，即無善無惡，是謂至善。……聖人無善無惡，只是「無有作好」，「無有作惡」，不動於氣……〔註36〕

不作好惡，非是全無好惡，卻是無知覺的人。謂之不作者，只是好惡一循於理，不去又著一分意思。如此，即是不曾好惡一般。〔註37〕

至善者，心之本體。本體上才過當些子，便是惡了；不是有一箇善，卻又有一箇惡來相對也。故善、惡只是一物。〔註38〕

陽明以「至善」言「心之體」的本質，「本體上才過當些子，便是惡」正顯善惡只是一，而「無善無惡」的「無」非指這個「心之體」的本質去掉了，而是一個工夫義上的「無有作此」的意思，即「無有作好無有作惡」，牟宗三先生言此句乃顯示一自體實相義，其意云：

「無善無惡心之體」是就「至善者心之本體」而說。無善無惡是謂至善。然則無善無惡是「無有作好無有作惡」之意。善惡相對的謂詞俱用不上，只是一自然之靈昭明覺停停當當地自持其自己，此即為心之自體實相。至善是心之本體，猶言心之自體實相，簡言之，就是心之當體自己也。此心須當下即認為是超越之本心，不是中性

〔註34〕戴璉璋、吳光主編：《劉宗周全集（五）》，頁480～481。
〔註35〕葉紹鈞點註：《傳習錄》，頁261～262。
〔註36〕葉紹鈞點註：《傳習錄》，頁67。
〔註37〕葉紹鈞點註：《傳習錄》，頁77。
〔註38〕葉紹鈞點註：《傳習錄》，頁208～209。

的氣之靈之心也。〔註39〕

牟宗三先生的意見顯然本陽明自家的說話而來，陽明訓示吾人要不動於氣以保這個「理」，聖人即能體認這個超越的本心，循這個「理」而行，不以私意作好作惡，換句話說即是「無有作好，無有作惡」了。

陽明另有多處用「理」來說明「心之體」者，以鞏固「無善無惡」義，包括：

> 人心是天、淵。心之本體無所不該，原是一箇天，只為私欲障礙，則天之本體失了；心之理無窮盡，原是一箇淵，只為私欲窒塞，則淵之本體失了。〔註40〕
>
> 這心之本體，原只是箇天理，原無非禮。這箇便是汝之真己，這箇真己是軀殼的主宰。〔註41〕
>
> 心之本體即是天理，天理只是一箇，更有何可思慮得？〔註42〕

以上諸語中「天」、「淵」、「天理」都是同義，是「心之本體」（真己）的指示語，其實是以「至善」（「原無非禮」）為最高指標者。陽明既倡議「致良知」，故直指這最高指標者即是良知：

> 良知者，心之本體，即前所謂恆照者也。心之本體，無起無不起。〔註43〕

牟宗三先生解釋這個「良知的恆照」是「心之體」的實說，換言之，即有一虛說層，見下述內容：

> 心之自體是如此，然其發動不能不受私欲氣質之阻隔或影響因而被歪曲，因此「有善有惡意之動」。其發動即得名曰「意」。故「意」可以說是經驗層上的。然發動的或善或惡，此心之自體即其靈昭明覺之自己未嘗不知之，此即所謂良知。如是，這良知即越在經驗層上的意之上而照臨之。意有善惡兩歧，而照臨此意的良知則是絕對的純一，故它是判斷底標準。它是那抽象地說的心之自體自己之具體地彰用，彰其超越的照臨之用，因而即轉而形著那心之自體之為至善。故「至善是心之本體」是虛說，即籠綜地先一提，而由良知

〔註39〕牟宗三：《從陸象山到劉蕺山》，237～238。
〔註40〕葉紹鈞點註：《傳習錄》，頁205。
〔註41〕葉紹鈞點註：《傳習錄》，頁95～96。
〔註42〕葉紹鈞點註：《傳習錄》，頁137。
〔註43〕葉紹鈞點註：《傳習錄》，頁142。

之超越的照臨之用反而形著其為至善，則是實說，即具體地決定其
定然如此。〔註44〕

由於「有善有惡意之動」中的「意」有兩歧（善及惡），故牟宗三先生首
先指示兩歧的由來在「意」，「意」發動時繫於經驗層，故有被歪曲之可能，顯
示「意」之性質是「有善有惡」者，從而反映「良知」照臨在意之上的超越作
用，此觀點的重點在「良知」是能具體地決定「意」必循善而行者，這便是實
說的一層意思。陽明本人雖然規定此等工夫可接上根之人，但人世之大，上
根之人僅屬少量而已，故不能不開工夫一層以援引下根之人。

陽明既說「良知者，心之本體」，則說「知」是「心之本體」亦可：

惟乾問：「知如何是心之本體？」

先生曰：「知是理之靈處；就其主宰處說，便謂之心，就其稟賦處說，
便謂之性。……」〔註45〕

知是心之本體，心自然會知。見父自然知孝，見兄自然知弟，見孺
子入井自然知惻隱：此便是「良知」，不假外求。〔註46〕

以上「知是理之靈處」即顯「良知」是「天理」，在主觀層面有主宰義，這「良
知」便是吾人之本心，心自然會知，如見父自然知孝，此「自然如此」乃有指
向性者，亦是一切道德價值之根源；在客觀層面有稟賦義，乃藉此說吾人之
「性」與「理」通，得其普遍必然義。

有關「心之體」，還有其他引申義：

……誠是心之本體，求復其本體，便是思誠的工夫。〔註47〕

樂是心之本體，雖不同於七情之樂，而亦不外於七情之樂。……雖
在憂苦迷棄之中，而此樂又未嘗不存，但一念開明，反身而誠，則
即此而在矣。〔註48〕

目無體，以萬物之色為體；耳無體，以萬物之聲為體；鼻無體，以
萬物之臭為體；口無體，以萬物之味為體；心無體，以天地萬物感
應之是非為體。〔註49〕

〔註44〕牟宗三：《從陸象山到劉蕺山》，頁238。
〔註45〕葉紹鈞點註：《傳習錄》，頁90。
〔註46〕葉紹鈞點註：《傳習錄》，頁16。
〔註47〕葉紹鈞點註：《傳習錄》，頁93。
〔註48〕葉紹鈞點註：《傳習錄》，頁156。
〔註49〕葉紹鈞點註：《傳習錄》，頁235～236。

定者，心之本體，天理也。動靜，所遇之時也。〔註50〕

上列首兩段以「誠」為「心之本體」，「思誠」即為「本體」之用，這是「誠意」工夫的引申，以顯《大學》系統的一貫。值得注意的是第三段中「心無體，以天地萬物感應之是非為體」一句，這個「心無體」非否定心的實體義，蓋以「天地萬物感應之是非為體」已有踐德的意涵，故仍採「無有所作」的「無」意才通，加上「定」顯心體的靜存義，與天地萬物相遇時即感通無隔，如此才可盡「心之體」的全蘊。

宗周當然肯定陽明的良知本心，但他的重點是將這個「心之體」扣緊「意」來說，認為這樣才是「心之體」的全蘊，故云：

心何以有善惡？周子所謂「形既生矣，神發知矣，五性感動，而善惡分，萬事出矣。」正指心而言。

或曰：「周子嘗曰『幾善惡』，蓋言意也。今曰『好善惡惡者意之靜』，則善惡者意乎？好善惡惡者意乎？」曰：「子以為善惡者意乎？好善惡惡者意乎？」問者默然，乃曰：「然則周子非與？」曰：「吾請以孔子之言折之。曰：『幾者，動之微，吉之先見者也。』曰『動之微』，則動而無動可知；曰『先見』，則不著於吉凶可知；曰『吉之先見』，則不淪於凶可知。此『誠意』真註疏也。周子曰：『幾善惡』，正所謂指心而言也。」〔註51〕

宗周曾就陽明之「四有句」，回應另四句以明志，即：「有善有惡者心之動，好善惡惡者意之靜，知善知惡者是良知，為善去惡者是物則」〔註52〕。宗周撤換四有之第二句「有善有惡者意之動」，由「意動」轉為「心動」，因為宗周採用周濂溪的「形既生矣…萬事出矣」來規定心所謂的「善惡」，其實是五性感動而善惡分，減退了陽明以「定」來說的靜存的心體義。因此，有人再以周濂溪的「幾善惡」來比附「意」，然後問他：「善惡」、「好善惡惡」，何者是「意」時？宗周即援引孔子「幾者，動之微，吉之先見者也」諸句來解釋。宗周認為「動之微」是動而無動，亦可言「靜」；「吉之先見」不淪於凶，這就是誠意的確解，故「幾善惡」應指心而言，可謂說明了「有善有惡者心之動，好善惡惡者意之靜」兩句之意涵。宗周確是處處以「誠意」為首出。

〔註50〕葉紹鈞點註：《傳習錄》，頁42。
〔註51〕戴璉璋、吳光主編：《劉宗周全集（二）》，頁459～460。
〔註52〕戴璉璋、吳光主編：《劉宗周全集（二）》，頁459。

陽明的「無善無惡心之體」，亦引發出「有心」「無心」的討論，茲舉一例云：

> 先生曰：「有心俱是實，無心俱是幻；無心俱是實，有心俱是幻。」
>
> 汝中曰：「有心俱是實，無心俱是幻，是本體上說工夫；無心俱是實，
> 有心俱是幻，是工夫上說本體。」先生然其言。〔註53〕

陽明以「本體上說工夫」及「工夫上說本體」來界定「有心」及「無心」的使用原則，但核心問題仍未解決，就是「心」的作用層：「意」的兩歧性格的牽動，宗周針對這點云：

> 陽明先生言「無善無惡者心之體」，原與性無善無不善之意不同。性
> 以理言，理無不善，安得云無？心以氣言，氣之動有善有不善，而當
> 其藏體於寂之時，獨知湛然而已，亦安得謂之有善有惡乎？〔註54〕

宗周的性以理言，故性必善，以「無善無不善」顯未呈現時的氣象，故「無善無不善」中的「無」不是「有無」或「沒有」的意思，上述這觀點可以接受。至於宗周以氣言心，心有一「氣動」相，顯示「心」的作用有善有不善，這點站在經驗層來說作用，亦可接納，至「心」藏體於寂，獨知湛然時，絕不能視其為「有善有惡」亦明矣。宗周希望劃分「心之體」為超越層及作用層，在超越層的「心」乃無善無惡者，在作用層則氣之動有善有不善。值得注意的是，上述引文，相信是宗周替「意」有「體」、「用」兩層作用的前設說明，如果站在陽明的立場，心即性，良知即吾人的實性，「無善無惡」的心大可與「無善無不善」的性同。

分析至此，宗周規定之「心之體」可總結其內容如下：

> 心體渾然至善。以其氣言，謂之虛。以其理而言，謂之無。至虛，
> 故能合萬象。至無，故能造萬有。……〔註55〕
>
> 合心意知物，乃見此心之全體。更合身與家國天下，乃見此心之全量。
> 今之言心者，舉一而廢八也。舉一而廢八，而心學歧。……〔註56〕
>
> 心一也，合性而言，則曰仁，離性而言，則曰覺。……凡聖賢言心，
> 皆合八條目而言者也，或止合意知物言。惟《大學》列在八目之中，

〔註53〕葉紹鈞點註：《傳習錄》，頁274。
〔註54〕戴璉璋、吳光主編：《劉宗周全集（二）》，頁484。
〔註55〕戴璉璋、吳光主編：《劉宗周全集（二）》，頁483。
〔註56〕戴璉璋、吳光主編：《劉宗周全集（二）》，頁481。

而血脈仍是一貫，正是此心之全譜，又特表之曰明德。〔註57〕

以上諸話語，第一則示「心之體」的超越義，即渾然至善，能合萬象與造萬有，由此而言的「至虛至無」可算是踐德的最高理境。至於後兩則指向「心之體」的作用層，藉《大學》八條目的合一而見，表示心的全體及全量乃一貫者，其中以「心合性」及「心離性」言仁與覺，顯示宗周雖分說「心」「性」，但最終以血脈仍是一貫言《大學》，以便繼承孟子的「心性天一」的系統。

二、有善有惡意之動

陽明於《傳習錄》中，記有多條有關「意動」「念起」之話語，茲舉例參詳：

> 曰：「如好好色，如惡惡臭，安得非意？」
>
> 曰：「卻是誠意，不是私意。誠意只是循天理。雖是循天理，亦著不得一分意。故有所忿懥、好樂，則不得其正；須是廓然大公，方是心之本體。知此，即知『未發之中』。」〔註58〕

陽明答好色惡臭是否「意」，他即以誠意及私意分辨之，吾人有所忿懥、好樂，則不得其正，不是誠意之「意」。將「意」作此區分，仍不能確保已發之意一悉皆得「未發」的「至善心體」的臨照，而且據本章第二節分析，陽明在某些話語未分清「意」與「念」的使用，故再述解有關《傳習錄》中「念」的篇幅如下：

> 我今說箇「知、行合一」，正要人曉得一念發動處，便即是行了；發動處有不善，就將這不善的念克倒了，須要徹根徹底不使那一念不善潛伏在胸中，此是我立言宗旨。〔註59〕
>
> 善念發而知之，而充之，惡念發而知之，而遏之。知與充與遏者，志也，天聰明也。聖人只有此，學者當存此。〔註60〕
>
> 只念念要存天理，即是立志。……此天理之念常存，馴至於美大聖神，亦只從此一念存養擴充去耳。〔註61〕

〔註57〕戴璉璋、吳光主編：《劉宗周全集（二）》，頁457。
〔註58〕葉紹鈞點註：《傳習錄》，頁78。
〔註59〕葉紹鈞點註：《傳習錄》，頁207。
〔註60〕葉紹鈞點註：《傳習錄》，頁57。
〔註61〕葉紹鈞點註：《傳習錄》，頁28。

陽明肯定「念」有善惡,「善念發而知之,而充之」是「擴充」的工夫;「發動處有不善,就將這不善的念克倒」是「遏之」的工夫,一併歸入「致良知」中,其中有方向循持,「聖人有、學者存」此志,只念念要存天理便是。雖然如此,陽明又於另一處持相反的意見:

> 先生嘗語學者曰:「心體上著不得一念留滯,就如眼著不得些子塵沙,些子能得幾多,滿眼便昏天黑地了。」又曰:「這一念不但是私念,便好的念頭亦著不得些子;如眼中放些金玉屑,眼亦開不得了。」〔註62〕

陽明以上話語表示私念、好的念頭統統不能留滯於心,此處頗令人費解其用意,上述「聖人有、學者存」之志是夢幻之事乎?故此,陽明本身視「念」也不是道德義的。宗周即在此判分清楚「意」與「念」的本質內容,其理據如下:

> 意為心之所存,則至靜者莫如意。乃陽明子曰「有善有惡者意之動」,何也?意無所為善惡,但好善惡惡而已。好惡者,此心最初之機,惟微之體也。〔註63〕
>
> 意者心之所存,非所發也。或曰:「好善惡惡,非發乎?」曰:「意之好惡,與起念之好惡不同。意之好惡,一機而互見;起念之好惡,兩在而異情。以念為意,何啻千里?」〔註64〕
>
> 心可言無善無惡,而以正還心,則心之有善可知。意可言有善有惡,而以誠還意,則意之無惡可知。……〔註65〕

「意為心之所存」即「意」存於「心」,按《大學》:「身、心、意、知、物是一件」(《傳習錄》),則這個「存」乃顯「心」為一寄主,這時的「意」呈潛藏貌,故言「靜」及「微」,是心最初之機。「意」本身無所為善或惡,但它能好善惡惡,這是「意」的能。陽明的「有善有惡者意之動」,只描述了「意」動的兩個不同(善或惡)方向,而不能以「善」或「惡」指涉「意」的本質內容。故以「正還心」及以「誠還意」後,心可言善,而意則無惡,這是「心」及「意」的本質內容。

〔註62〕葉紹鈞點註:《傳習錄》,頁272。
〔註63〕戴璉璋、吳光主編:《劉宗周全集(二)》,頁459。
〔註64〕戴璉璋、吳光主編:《劉宗周全集(二)》,頁485。
〔註65〕戴璉璋、吳光主編:《劉宗周全集(二)》,頁523。

此外,「意」之好惡與「起念」之好惡不同,盡顯「意」與「念」為異質者,牟宗三先生對此有很清晰的說明:

> 「意之好惡一機而互見」,好善即惡惡,反之亦然,故互見,雖有好惡,而實為一機,此顯意為超越層。「念之好惡兩在而異情」,有善有惡為兩在,兩在即異情,此顯念為感性層。〔註66〕

宗周更進一步說「意」不能以起滅論:

> 「只見那好色時已是好了,不是見了後又立個心去好;只聞那惡臭時已是惡了,不是聞了後又立個心去惡。」此語最分明。此是先生洞見心體處,既不是又立個心去好惡,則決不是起個意去好惡可知。固知意不可以起滅言。〔註67〕

引號內為陽明明「好惡」之譬喻,宗周即稱許其對「心體」之洞見十分精到,並替陽明推進一步,即:「心」與「意」同,既然不是立個心去好惡,則決不能起個意去好惡了,如此「意」則避免了有「生成起滅」的一重意思。宗周堅決將「意」與「念」分清為兩層,乃宗周對陽明「良知教」的最大補足,同時輔助自己建構誠意學說,故他不嫌周章再三解說「念」之不足取:

> 心意知物是一路,不知此外何以又容一念字?今心為念,蓋心之餘氣也。餘氣也者,動氣也,動而遠乎天,故念起念滅,為厥心病。故念有善惡,而物即與之為善惡,物本無善惡也;念有昏明,而知即與之為昏明,知本無昏明也;念有真妄,而意即與之為真妄,意本無真妄也;念有起滅,而心即與之為起滅,心本無起滅也。故聖人化念歸心。〔註68〕

> 人生而靜,天之性也。感於物而動,性之欲也。欲動情熾而念結焉。感有去來,念有起滅,起滅相尋,復自起滅。人心出入存亡之機,實係於此。甚矣!念之為心崇也,如苗有莠。〔註69〕

宗同視「念」為心之餘氣或動氣,念一動則與天理相違(動而遠乎天),故念的起滅、善惡、昏明和真妄,均影響「心意知物」四者,一併下陷於感性層。人本天,其性沉靜,惜感於物而妄動成欲,欲再動情熾而念生,如此感、

〔註66〕牟宗三:《從陸象山到劉蕺山》,453。
〔註67〕戴璉璋、吳光主編,《劉宗周全集(四)》,頁63~64。
〔註68〕戴璉璋、吳光主編:《劉宗周全集(二)》,頁491。
〔註69〕戴璉璋、吳光主編:《劉宗周全集(二)》,頁492。

念不絕，人心乃存亡不定了。<u>宗周</u>更慨言此為心祟，有如患病之苗般可惜。

<u>宗周</u>於晚年（是年六十五歲）更著有〈治念說〉，云：

> ……欲為善則為之而已矣，不必舉念以為之也；欲去惡則去之而已
> 矣，不必舉念以去之也。……念有起滅，思無起滅也。或合之，或離
> 之，一而二者也。慎思者，化念歸思；罔念者，轉引思以歸念。毫釐
> 之差，千里之謬也。……夫學所以治念也，與思以權，而不干之以浮
> 氣，則化念歸思矣。化念歸思，化思歸虛，學之至也。……〔註70〕

<u>宗周</u>嚴分「念」與「思」：念有起滅，思無起滅，但他正視人有「念」這
個事實，只是提供一為學之至則，即要「慎思」，這是本「心之官則思」義而
來，其兩步曲為：化念歸思，化思歸虛，此與「聖人化念歸心」同義。

三、知善知惡是良知

有關<u>陽明</u>的「良知」義，前文已有頗多篇幅涉獵，茲再選兩則說「良知
之發」者，明「知善知惡」的意涵：

> 若良知之發，更無私意障礙，即所謂「充其惻隱之心，而仁不可勝
> 用矣」。然在常人不能無私意障礙，所以須用致知格物之功。勝私復
> 理，即心之良知更無障礙，得以充塞流行，便是致其知。知致則意
> 誠。〔註71〕

> 「思曰睿，睿作聖」。「心之官則思，思則得之」。思其可少乎？……
> 良知是天理之昭明靈覺處，故良知即是天理，思是良知之發用。若
> 是良知發用之思，則所思莫非天理矣。良知發用之思，自然明白簡
> 易，良知亦自能知得。若是私意安排之思，自是紛紜勞擾，良知亦
> 自會分別得。蓋思之是非邪正，良知無有不自知者。……〔註72〕

「良知」之發是無私意障礙的，但常人是有私意的，<u>陽明</u>即示「勝私復
理」，應以「致知」「格物」為用功處，使無礙「心之良知」的流行，如此可進
一步言「誠意」，這又是《大學》的一體工夫。

另以「思」配「良知」之發，「思曰睿，睿作聖」（《周書·洪範篇》）、「心
之官則思，思則得之」（《孟子·告子篇》）均是繼承先<u>秦</u>儒的意思，以良知發

〔註70〕戴璉璋、吳光主編：《劉宗周全集（二）》，頁371～372。
〔註71〕葉紹鈞點註：《傳習錄》，頁16。
〔註72〕葉紹鈞點註：《傳習錄》，頁160～161。

用之「思」為「天理」，由此證良知是自能知得，就是私意安排之思亦在其分判下無所曲隱。

以上兩段引文，明顯見得陽明劃分聖人、常人為兩種，「思」有是非邪正之別〔此處不諦「思」之原意，尤其是「心之官則思」的心義被剥落〕，「意」亦有私意一層〔其運用之義與「念」同，顯「意」即「念」〕，如此曲折，蓋由「良知之發」溯本至「良知之體」時的誤通，宗周對此的批評是簡單直接的：

> 既云「至善是心之本體」，又云「知是心之本體」，益知只是知善知惡，知善知惡正是心之至善處。

> 既謂之良知，決然私意障礙不得，常人與聖人同。〔註73〕

宗周以陽明規定的「心之本體」義，肯定「知」即「知善知惡」，亦是「心之至善處」，這觀點陽明應該首肯，只是他本人說得迂迴曲折了。宗周並以「良知」的本質規定私意不能障礙之，常人與聖人皆秉此「良知」，故在本質上一體相同，他並於〈學言·下〉，清楚說明了「意」與「知」的關係：

> 「有善有惡意之動，知善知惡知之良。」二語決不能相入，則知與意分明是兩事矣。將意先動而知隨之邪？抑知先主而意繼之邪？如意先動而知隨之，則知落後者，不得為良；如知先主而意繼之，則離照之下，安得更留鬼魅？若或驅意於心之外，獨以知與心，則法惟有除意，不當誠意矣。且自來經傳無有以意為心外者，求其說而不得，無乃即知即意乎？果即知即意，則知良意亦良，更不待言。〔註74〕

宗周肯定「知」與「意」是兩事，但意先動而知隨，抑知先主而意繼，兩者皆有弊，前者無良知可言，後者驅意於心外，故宗周斷言「即知即意」，則兩者俱良，以上這個解說，應能補足陽明論「意」的混雜。若真要按主從分，則「好善惡惡」自是首出，宗周有言：

> 予嘗謂好善惡惡是良知，舍好善惡惡，別無所謂知善知惡者。好即是知好，惡即是知惡，非謂既知了善，方去好善，既知了惡，方去惡惡。審如此，亦安見其所謂良者？乃知知之與意，只是一合相，分不得精粗動靜。〔註75〕

〔註73〕戴璉璋、吳光主編，《劉宗周全集（四）》，頁65。
〔註74〕戴璉璋、吳光主編：《劉宗周全集（二）》，頁527。
〔註75〕戴璉璋、吳光主編：《劉宗周全集（二）》，頁525。

　　據以上引文所言：「舍好善惡惡，別無所謂知善知惡者」，突顯「意」為首、「知」從之的意思，楊祖漢先生著有文章說明此點：

> 由意作主，而在意之好處知善，在意之惡處知惡。先顯好惡之意，知即藏於意中，此很能見蕺山之用意。由好善惡惡而知善知惡，此使知「有所主」。若好善惡惡之意呈現，是善必好，惡必惡者，決不猶疑含混，而此時知善惡之知亦必具其中，此知亦必於好善惡惡，而不會往外走作。……蕺山說「知與意是一合相」，即二者不能各自獨立存在，有意即有知，有知即有意。但雖如此說，仍必須以意為主，以知為從。有意作主，知方能知所止。〔註76〕

　　若好善惡惡是「良知」，則「好善惡惡」與「知善知惡」是涵蘊的關係（即：好即是知好，惡即是知惡），並無時間上的先後發生可言（即：非謂既知了善，方去好善，既知了惡，方去惡惡），故「知」與「意」只是一合相的說法是合理的，而且宗周以意為主的理路，頗能切合一真實的生命問題，即：人常苦於有「知」而難為善去惡，若意能主知，不失為對應上述問題的一種方法。

四、為善去惡是格物

　　陽明視「格物」為「致良知」的最佳註腳，故有下列判語：

> 既去惡念，便是善念，便復心之本體矣；譬如日光被雲來遮蔽，雲去光已復矣。若惡念既去，又要存箇善念，即是日光之中添燃一燈。〔註77〕

> 先生曰：「格物」是「止至善」之功。既知「至善」，即知「格物」矣。〔註78〕

> 《大學》工夫即「明明德」。「明明德」只是箇「誠意」。「誠意」的工夫只是「格物」「致知」。若以「誠意」為主，去用「格物」「致知」的工夫，即工夫始有下落，即為善、去惡無非是「誠意」的事。〔註79〕

> 曰：「爾那一點良知，是爾自家底準則。爾意念著處，他是便知是，

〔註76〕鍾彩鈞主編：《劉蕺山學術思想論集》，頁59。
〔註77〕葉紹鈞點註：《傳習錄》，頁213。
〔註78〕葉紹鈞點註：《傳習錄》，頁12。
〔註79〕葉紹鈞點註：《傳習錄》，頁102。

非便知非，更瞞他一些不得。爾只不要欺他，實實落落依著他做去，善便存，惡便去，他這裏何等穩當快樂。此便是「格物」的真訣，「致知」的實功。若不靠著這些真機，如何去格物？……〔註80〕

陽明的為善去惡工夫集中在「念」上做，「去惡念」便是「存善念」，但兩者是當下一體完成，並以雲蔽日光，雲散則日光復現作喻，「念」亦如日光，故可推斷「為」及「去」乃一箇工夫，並以此「格物」工夫為「止至善」者。至於《大學》工夫即是「明明德」一段，是陽明要回歸《大學》的宗旨，說「明明德」落在「誠意」上做，如此才能援引為善去惡的工夫進入；最後一段，則總結以「良知」作為「格物」「致知」的標準，落實去做，如此善便存，惡便去了。

藉著「四有句」，宗周與陽明對話，宗周於〈良知說〉一文中，對「四有句」有一總評，茲錄如下：

> 且大學明言「止於至善」矣，則惡又從何處來？心、意、知、物，總是至善中全副家當，而必事事以善惡兩糾之。若曰去其惡而善乃至，姑為下根人說法，如此則又不當有無善無惡之說矣。有則一齊俱有，既以惡而疑善；無則一齊俱無，且將以善而疑惡：更從何處討知善知惡之分曉？只因陽明將意字認壞，故不得不進而求良於知。仍將知字認粗，又不得不退而求精於心，種種矛盾，固已不待龍溪駁正，而知其非《大學》之本旨矣。〔註81〕

以上宗周不以陽明的「四有句」為《大學》之本旨，楊祖漢先生直指因宗周規定「意」屬超越層之故，其意如下：

> 蕺山說心、意、知、物是至善中全副家當，即認為此四者都是善的，並不會善惡兩歧。……即蕺山以意為善，而陽明以意為心之發，不能不受感性影響而有善惡。依陽明，心體雖至善，但意不能無善惡，因會受感性影響之故。故意屬於綜和層，一方面是心體起用，一方面又有感性作用在其中，心與意的關係，不是分析的，不能因心體至善，意便是善的。意屬於經驗層。蕺山則以好善惡惡為意，則此意是超越層的善意，意是本體，非經驗層的受感性影響之意。如此界定意，而它當然是善的，而人直承本心而起用，表現為好善惡惡

〔註80〕葉紹鈞點註：《傳習錄》，頁197～198。
〔註81〕戴璉璋、吳光主編：《劉宗周全集（二）》，頁373。

的善意，亦是可能的。〔註82〕

　　上則引文已清楚的解說了宗周視意屬超越層，意是本體，這個觀點的確立，為宗周「歸顯於密」的工作奠下了一個牢固的基礎。至於宗周如何策劃他的工作，將於下一章詳述。

〔註82〕鍾彩鈞主編：《劉蕺山學術思想論集》，頁53。

第三章 「意體」的凝斂性

第一節 「意體」與「獨體」互透的隱微義

一、誠其意，毋自欺

　　宗周建構的密教，是對揚陽明的良知顯教而言的，密教的貢獻在收攝外擴的「良知之用」，牟宗三先生曾剖析「歸顯於密」的特色：

> 吾人說良知是通透於天心仁體之全蘊的「既虛亦實」之本質，而其首先呈現於人之心目中者，則為其虛德，即所謂「虛靈明覺」者是。……雖說「自有天則」（此即其為實德，故云良知之天理，良知即準則），然由虛與用，在其渾圓通化之中，天則之「方」並不凸顯，並不挺拔，盡消化吞沒於「圓而神」之用中，若無真實透徹工夫，站得住，把得穩，真至所謂仁精義熟，則一霎而天則泯矣。……是以預防而對治此狂蕩，當然不能從外在工夫之外縛上想。致良知本是內在的、先天的工夫。然其特徵在虛用與圓神，故預防其弊，亦須內在地將其收攝於「淵然貞定」之實體，而開出一仍是內在的、先天的工夫。此即是歸顯于密，誠意之學之所由立。〔註1〕

　　因為陽明規定的「良知」的本質「既虛亦實」，故在通化之用中「天理」並不凸顯，換言之先天的一層未踏實，宗周在此以「誠體本天」葆荏之。另內

〔註1〕牟宗三：《宋明儒學的問題與發展》，〈劉蕺山誠意之學〉（臺北：聯經出版事業股份有限公司，2003年7月初版），頁297～298。

在的一層，由「意根」這個「淵然貞定」的實體來收攝「良知」的「圓而神」，合起來圓成一「既超越而又內在」的體用相融系統，名為誠意之學。因此，整個宗周哲學的特色由「歸顯於密」表述，一方面肯定陽明顯學（心學）的回歸是其系統內的必要元素，另一方面更要凸出「密教」的貢獻，乃是建立一真實透徹的踐履工夫。

宗周嚴分意與念，是「歸顯於密」的基本步，因為「意」必須是超越層的意體，才能與「獨體」相通以顯「微」，這「微」不是單純的一個形象化描述詞，而是儒家規定下的心體、性體的指示狀詞，「微」亦因此涵有道德義，宗周即借此以言「密教」的密義，簡言之，「歸顯於密」的第一步工作由意體、獨體的確立而展開。

要了解「意體」與「獨體」，我們可以循兩個方向前進，首先是借助宗周註譯《大學‧傳‧第六章》，這章是釋誠意（所謂「傳」，是「經」的註腳，以下簡稱為〈誠意章〉），透過文本去尋根，這是一個可靠的方法；其次是搜集宗周散見於各章各節的表述話語，綜括起來以見「意體」的內蘊，這是一個合理的究底途徑，以下即劃分〈誠意章〉為兩段進行剖析，首段內容如下：

> 所謂誠其意者，毋自欺也。如惡惡臭，如好好色，此之謂自謙，故
> 君子必慎其獨也。〔註2〕

宗周在〈大學古記〉註云：

> 自欺云者，自欺本心之知也。本心之知，善必知好，惡必知惡，若不
> 能好惡，即屬自欺。此正是知不致處。毋自欺，則「如好好色，如惡
> 惡臭」，意斯誠矣。故欲誠其意者，必先致其知，而其功歸于慎獨。
> 獨者，藏身之地，物之本也，於此慎之，則物格而知至矣。〔註3〕

以上「毋自欺」的意思，是不自欺本心之知。此處宗周明確規定「知」是本心之知，是善必知好，惡必知惡，這裏的「必知」是肯定語，涵此價值判斷：「必知好及惡」有其必然性，而必知好及惡的「本心」，亦必是一道德實體，否則上述的價值判斷不能作成，這種肯斷與《論語》《孟子》的思路無異。宗周進一步再指出「不自欺」者，則「如好好色，如惡惡臭」，則意誠。這點十分重要，因為由本心作用而來的「意」，亦有了道德義，可稱為「意體」。

〔註2〕朱熹：《四書集註》，〈大學〉（香港：太平書局，1982年），頁6。
〔註3〕戴璉璋、吳光主編，《劉宗周全集（一）》，〈大學古記‧第三章〉（臺北：中研院文哲所，1996年），頁737。

「獨者，藏身之地，物之本也」幾句，配合〈大學古記約義·慎獨〉一篇的意旨來看，則「獨體」之意益明：

> 小人之學，從人分上用功，故的然日忘。君子之學，從己分上用功，故暗然日章。暗然者，獨之地也。君子之學，未嘗不從人分用功來，而獨實其根底之地，不繫人而繫之己，於此著力一分，則人分之尋丈也。學以為己，雖人分，皆己分也。學以為人，雖己分，亦人分也。君子之學，先天下而本之國，先國而本之家與身，亦屬之己矣。又自身而本之心、本之意、本之知，本至此，無可推求，無可揣控，而其為己也隱且微矣。隱微之地，是名曰獨。其為何物手？本無一物之中而物物具焉，此至善之所統會也。致知在格物，格此而已。獨者物之本，而慎獨者格之始事也。〔註4〕

據上文，宗周所謂的「獨」，是暗然，是隱微之地，是物之本。他另以「獨體」稱之，云：

> 「如惡惡臭，如好好色」，蓋言獨體之好惡也。原來只是自好自惡，故欺曰「自欺」，慊曰「自慊」。既自好自惡，則好在善，即惡在不善；惡在不善，即好在善，故好惡雖兩意而一機。若以所感時言，則感之以可好而好，感之以可惡而惡，方有分用之機。然所好在此，所惡在彼，心體仍是一箇。一者，誠也。意本一，故以誠還之，非意本有兩，而吾以誠之者一之也。〔註5〕

「獨體」的本質在自好自惡，有一自定法則及自我遵守之意，是一自律道德的規模，故宗周加上「體」字，突出其為道德實體，是相當合理的使用。至於「好惡雖兩意而一機」一語，是剔除好善與惡惡的對偶性，二者不是異質的兩個機括，而是「好在善，即惡在不善」，反之亦然，故是一機，這是避免了陽明的「意」「念」混雜的困難，宗周並藉此言「心體」、「意體」均是一，這個「一」是真實無妄的，故以「誠」表之。

宗周這種表述，與朱子言「獨」：「獨者，人所不知而己所獨知之地也。言幽暗之中，細微之事，跡雖未形而幾則已動，人雖不知而己獨知之，則是天下之事無有著見明顯而過於此者。」(《中庸章句》) 只有用詞上的相似，而

〔註4〕戴璉璋、吳光主編，《劉宗周全集（一）》，頁761。
〔註5〕戴璉璋、吳光主編：《劉宗周全集（二）》，〈語類十四·學言下〉(臺北：中研院文哲所，1996年)，頁522～523。

涵意不同。宗周曾有以下言論：

> 朱子於獨字下補一知字，可謂擴前聖所未發，然專以屬之動念邊事，
> 何邪？豈靜中無知乎？使知有閒於動靜，則亦不得謂之知矣。獨之
> 知，即致知之知，即本源即末流也。獨知之知，即知止之知，即本
> 體即工夫也。〔註6〕

宗周上論非常清楚，即反對朱子於動靜間判分「知」，蓋「獨之知」和「獨
知之知」，合起來就是致知和知止之「知」，宗周評此「知」該以本、末及本
體、工夫之相即相融者來理解才恰當，而「獨體」之隱微，正是密教的其中一
個表徵。

有關「獨體」的理解，宗周在別處亦有明確的闡析：

> 莫見乎隱，亦莫隱乎見；莫顯乎微，亦莫微乎顯，此之謂無隱見、
> 無顯微。無隱見、顯微之謂獨，故君子慎之。
> 不睹不聞，天之命也；亦睹亦聞，性之率也；即睹即不睹，即聞即
> 不聞，獨之體也。〔註7〕
> 獨是虛位，從性體看來，則曰莫見莫隱，是思慮未起，鬼神莫知時
> 也。從心體看來，則曰十目十手，是思慮既起，吾心獨知時也。然
> 性體即在心體中看出。〔註8〕

朱子於見、顯處用力（「跡雖未形而幾則已動，人雖不知而己獨知之，則
是天下之事無有著見明顯而過於此者」《中庸章句》），宗周則是一體化之（「無
隱見、顯微之謂獨」）。至於「不睹不聞」者，顯「天」有深奧義，與《詩經》：
「維天之命，於穆不已」同指涉存在的無限奧祕，也是成全個體之性的客觀
根據（「亦睹亦聞」），在主觀層面而言，個體透過「心」去呈現（「即睹即不
睹，即聞即不聞，獨之體也」），故此第二段引文示「獨」是虛位，是心體與性
體互見的一個載體（性體即在心體中看出）。以上「心、性、天是一」的關係，
是儒家道德的形上學最重要的命脈，宗周承前賢而力學，對此點有深切的體
悟，本文將於稍後詳解。此外，「思慮未起」與「思慮既起」中的「思慮」，不
能理解為中性意義上的「念頭」或「考量」，應示為「心之官則思」中的「思」，
如此才能顯出性體與心體的作用。

〔註6〕戴璉璋、吳光主編：《劉宗周全集（二）》，頁494～495。
〔註7〕戴璉璋、吳光主編：《劉宗周全集（二）》，頁461。
〔註8〕戴璉璋、吳光主編：《劉宗周全集（二）》，頁448。

此外，宗周判分「小人之學」與「君子之學」，其分別在用功之處是先從人分抑或是己分上來。這與「人知」或「己知」無關，而人分與己分亦非割裂的兩端，君子之學亦有從人分上用功，但因有「獨」充實根底，故此君子重己分，這樣人分亦能周全了，這處的「獨」既能起用，便有一實體義。所謂「君子之學」，學人分與己分，實是尋本溯源，明天下本之於國，國本於家與身，即「己」。「己」又本於心、意、與知，到最根本處，便隱且微了，這便是「獨」了。這種體悟，與孟子理解的小人、大人有相承接之處：

> 體有貴賤，有小大。無以小害大，無以賤害貴。養其小者為小人，養其大者為大人。……公都子問曰：鈞是人也，或為大人，或為小人，何也？孟子曰：從其大體為大人，從其小體為小人。曰：鈞是人也，或從其大體，或從其小體，何也？曰：耳目之官不思，而蔽於物。物交物，則引之而已矣。心之官則思，思則得之，不思則不得也，此天之所與我者。先立乎其大者，則其小者不能奪也，此為大人而已矣。〔註9〕

孟子認為大人從其大體，這個大體即「心」，小人則只從其小體，即耳目等感官。耳目等感官，當然受外界千差萬別的事物制宰（物交物則引），亦不能思；心之官則能思。上文亦曾略論這個「思」，不能解作認知義的「思考」，應是「覺」。這個「覺」義，儒者十分重視，何者謂「覺」？自省也，即曾子言：「吾日三省吾身。為人謀而不忠乎？與朋友交而不信乎？傳不習乎？」（《論語‧學而》）的「省」，是有道德義的。這個「省」的能力，顯示了「心」是「道德心」，故孟子言其是大體不悖。還有，心之官是「天之所與我者」，顯示「心」亦有超越義。

牟宗三先生曾剖析「心之官則思」如下：

> 思乃心之通用（一般性的作用）。但此一般性之作用，就道德實踐之工夫言，亦有其特殊的意義。孟子言「心之官則思」，是對「耳目之官不思而蔽于物」而言，是則思者是表示心之解放，從感性之拘圍中而開擴其自己，是心之超越乎感性以上而明朗其自己。思乃心之明通，此為心之第一步的道德意義，即不為感性所蔽而主宰乎感性。〔註10〕

〔註9〕朱熹：《四書集註》，頁169～171。
〔註10〕牟宗三：《心體與性體（一）》，（臺北：正中書局，1968年初版），頁339。

「心」的明通可達天地萬物，故不蔽于物是必然的，以上的解說可以明白「心」的實義（心體）以及「思」的道德實踐義。

其次，宗周明示「獨」是本無一物之中而物物具焉，是至善之所統會。這處有兩個重要的意思，其一，「獨」是「無物」「物物」相倚存者，這一點從朱子「格物」工夫中顯「物」乃「外物」之經驗義不同；其次，「獨」是至善之所統會，「獨」成了儒者所言之「仁」，是內在、本具的，故此，「獨」亦有道德的實體義（獨體），故言「此至善之所統會」。

二、誠於中，形於外

〈誠意章〉次段云：

> 小人閒居為不善，無所不至，見君子而后厭然，揜其不善，而著其善。人之視己，如見其肺肝然，則何益矣。此謂誠於中，形於外，故君子必慎其獨也。〔註11〕

宗周註釋如下：

> 小人不能慎獨，肆惡閒居，失此一著，更不及圖，一切揜著伎倆，都無用處。觀肺肝之見，而知誠形之機，切不可誣，則慎獨之功，益不容已矣。慎其獨，慎其無形之獨也。為形而慎，非慎獨也。〔註12〕

以上釋文的重點在宗周明說：君子應慎「無形」之獨。「獨」既無形，則不會被形於外的物所累；而「誠」是形之機，誠亦因此不著經驗義了。「誠」亦是宗周所重視者，它的重要性由「誠體本天」這觀點彰顯之，藉「歸顯於密」而達致的「心、性、天一」也是建基於此，有關論述會於稍後探討。

綜括以上宗周的註釋，我們清楚的看出，《大學》言慎獨從「心體」上說，而「獨」所示之體即好善惡惡之「意」，「獨體」之隱微，亦「意體」之隱微。

據以上討論，我們已得出意體與獨體通，心體則是儒家規定下的內在道德實體，而「心之官」則會與「誠」相配，由「思誠」來肯認踐德的普遍必然性，這是宗周誠意學的先決條件。以下我們再借助《大學古記》的第四章，宗周註有關「修身先正心」一義，尋求一些旁證：

> 「有所」之病，皆從物不格、知不致、意不誠來。意不誠，則發而為喜、怒、哀、樂，無往而不陷於有所。於此毫釐，於彼尋丈，故

〔註11〕朱熹：《四書集註》，頁6～7。
〔註12〕戴璉璋、吳光主編，《劉宗周全集（一）》，頁738。

君子必慎其獨也。

心不在，則心亡矣，視聽飲食如行尸耳，何修之幾乎？「有所」只
爭些子，這些子便爭此心之存亡，嚴矣哉。

但言修之先正，非實言正心之功也。欲正其心者，先誠其意，意誠
而心自正矣。以為誠意之後，復有正心之功者，謬也。〔註13〕

　　宗周指出去「有所」之病，總要在誠意，故君子必慎其獨。至於心在心
亡，非有天壤之距離，就只爭一些子而已，故需嚴謹對待，不可鬆懈。這裏值
得注意的是：「心不在，則心亡矣」的「不在」，應指意若不誠則心便不在，如
亡。至於正心，非在「誠其意」後的第二重工夫，而是意誠後心自正，心正即
顯意誠，這裏沒有時間上的先後，而是共同呈現。故此，我們發現宗周所示
的「意」必與「心」連。除了借助詮釋《大學》的章句，宗周亦極言「意體」
之內涵，下節將再進行探討。

第二節　「意體」與「心體」共證的德性義

一、意蘊於心

　　為了再探究「意體」的底蘊，我們可循第二個方向去研討，收於《蕺山
學案・語錄》其中一節（即：「《大學》之言心也……真是山窮水盡學問」）即
為一好線索，以下先將全段語錄分為三小段解說，再配合宗周散見於各文獻
內的意思，以綜括出「意體」與「心體」之關係，同時亦可展示「意體」為首
出的意義：

《大學》之言心也，曰忿懥、恐懼、好樂、憂患而已。此四者心之
體也。其言意也，則曰好好色，惡惡臭。好惡者，此心最初之機，
即四者之所自來。故意蘊於心，非心之所發也。〔註14〕

　　宗周認為《大學》所言之忿懥、恐懼、好樂、憂患是「心之體」，此種理
解可與孟子論四端之心（惻隱、羞惡、恭敬、是非）的方式相同，即以「惻
隱」之具體行為顯人有惻隱之心，心是一道德實體，而非視「惻隱之行為」是
一道德實體。宗周亦非視忿懥、恐懼、好樂、憂患為道德實體，四者原是「心」

〔註13〕戴璉璋、吳光主編，《劉宗周全集（一）》，頁739。
〔註14〕楊家洛主編：《中國學術名著第三輯歷代學案第一期書（四）》，〈明儒學案・
　　　蕺山學案〉（臺北：世界書局，1984年2月四版），頁677～678。

在經驗層發用時所顯者（案：宗周之言「即四者之所自來」，應是此意，而非「心」生出此四者，否則「心」不能是道德實體），而對此四者有好惡之「意」，是心最初之機，「心」淵然有定向，由發用以見體，更肯定「意體」義，所以宗周的結論是：「意」蘊於「心」，非心之所發。上文已論及「意」是「心之所存，非所發」，再配合「意蘊於心」，更能肯認「意」與「心」之關係。

宗周在〈答史子復〉一書中，有支持上論的肯斷語：

> 意為心之所發，古來已有是疏，僕何為獨不然？第思人心之體，必有所存而後有所發，如意為心之所發，則孰為心之所存乎？如心以所存言，而意以所發言，則心與意是對偶之物矣，而惡乎可？總之，存發只是一幾，故可以所存該所發，而終不可以所發遺所存，則〈大學〉「誠正」一關，終是千古不了之公案，未可便以朱、程之言為定本也。陽明先生曰「有善有惡者意之動」，僕則曰「好善惡惡者意之動」，此誠意章本文語也。如以善惡屬意，則好之惡之者誰乎？如云心去好之，心去惡之，則又與無善無惡之旨相戾。今據本文，果好惡是意，則意以所存言，而不專以所發言，明矣。好惡云者，好必於善，惡必於惡，正言此心之體有善而無惡也。做好惡兩在而一機，所以謂之「獨」。如曰有善有惡，則二三甚矣。獨即意也，知獨之謂意，則意以所存言，而不專以所發言，明矣。〔註15〕

這一段論說，可分為三個結語去理解：

第一個結語：存發只是一幾

宗周假定「人心之體，必有所存而後有所發」，若意為心所發，則心存些甚麼？如心是存者，意是發者，則心與意便互相抵觸，除了因「存」「發」的分際不同，而且因所發必關涉經驗層，如此意體之實體義不能確立，「意」不能與「心」連著說，於宗周來說這是不容許的。故此宗周總結存發只是一幾，「存」「發」不存在時間上的先後，是「一幾」的不同面相而已，不然《大學》「誠正」一關不能通過（案：指「誠意」與「正心」兩種工夫會割裂開）。

第二個結語：意以所存言，而不專以所發言

宗周謂「好善惡惡者意之動」是據《誠意章》本文而來，此處可溯源《大學》：「所謂誠其意者，毋自欺也。如惡惡臭，如好好色。」（《誠意章》）。我們

〔註15〕戴璉璋、吳光主編，《劉宗周全集（三上）》，〈文編七・書（論學）・答史子復〉（臺北：中研院文哲所，1996 年），頁 446。

若以「善」「惡」屬於意，那由甚麼來好之、惡之？如果是由「心」來好之、惡之，則與「心是無善無惡」的宗旨相違背。故此宗周以好之、惡之屬於「意」來解釋文本，進一步肯定「意」是一存者，是一能發出「好之」及「惡之」的不同徵向者。宗周亦根據「意」這個特點，來指示出陽明的「有善有惡者意之動」中的「意」不是一個真正的道德實體，因為據陽明的說法，「意之動」的本身成了有善、有惡者，如此則「意」亦成了一有善、有惡者，宗周認為陽明所謂的「意」應是有經驗義的「念」，此部分討論已於上文：宗周與陽明的「四有句」論辯中開展了，而此論辯的價值在於宗周提出了一些反命題，清楚勾勒出晚明儒學的傾斜點：當時「法」沒病，但有「人」病。

第三個結語：獨即意

宗周認為好惡是好必於善，惡必於惡，這點正好說明心之體有善而無惡。其實上文有關「不自欺本心之知」的部分：善必知好，惡必知惡，已證成了必知「好」及「惡」的「本心」是一道德實體，即「獨」，這裏宗周只是加強說明作好惡的判斷是由一機而來，既然「意」亦能發出「好之」及「惡之」的不同徵向，兩者於內容上無異，故說：知獨謂「意」。

其次，獨及意皆是道德實體，這個論斷是建基於「獨」是「至善之所統會」(〈大學古記約義‧慎獨〉)，故言「獨即意」。

根據〈答史子復〉一書，「人心之體」在作用層上說，是必有所存而後有所發，否則「所發」無從產生。但在實存的層面上，不論「意」是否由「心」所發，「心」總是有所「存」。至於「心」與「意」不能是對偶之物，其實是宗周視「意」有超越義，才有此立論。宗周認為陽明視「意」為「念」，「念」乃關涉經驗層者，「心」與「意」便成對偶之物。

除了以上論述，宗周另有幾處講解「心」與「意」的關係者，茲述如下：

> 心之主宰曰意，故意為心本，不是以意生心。故曰：本猶身裡言心，心為身本也。鄧定宇曰：心是天，意是帝。〔註16〕

> 天穆然無為，而乾道所謂剛健中正，純粹以精，盡在「帝」中見。心渾然無體，而心體所謂四端萬善，參天地而贊化育，盡在「意」中見。離帝無所謂天者，離意無所謂心者。〔註17〕

以上兩段，是宗周配合《易》來言「主宰」義：「天，一也。自其主宰而

〔註16〕戴璉璋、吳光主編：《劉宗周全集（二）》，頁528。
〔註17〕戴璉璋、吳光主編：《劉宗周全集（二）》，頁523。

言，謂之帝。心，一也。自其主宰而言，謂之意。天有五帝，而分之為八節十二辰。故曰：『帝出乎震……』即主宰即流行也」〔註18〕，「意為心本」是宗周的宗旨，他取「天」「帝」作喻，即主宰即流行，是想突出「心體」之參天地贊化育乃「意」之功。這一觀點為「心性天一」作了一個很好的註腳，亦顯宗周的密教秉承孟子的「盡心知性知天」義。

宗周在〈答董生心意十問〉的解說中又云：

問：「心有無意時否？」

意者，心之所以為心也。止言心，則心只是徑寸虛體耳。著簡意字，方見下了定盤鍼，有子午可指。然定盤鍼與盤子，終是兩物。意之於心，只是虛體中一點精神，仍只是一簡心，本非滯於有也，安得而云無？〔註19〕

以上是董生的第三問，問「心」有沒有缺乏「意」的時候？宗周明示所謂「意」是「心之所以為心」的根據。單說「心」時，心只是一個虛體〔案此處之「虛體」並非指「心」無實體義，而是「心」此時彷似在一虛空的狀態，待「意」來充實之〕，有了「意」，便是有了精神，如定盤鍼指出子午線一樣，但心仍是那一個，如未下鍼前那一個盤子，故「心」不滯說定有或定無「意」。簡言之：心有「意」時，像定盤鍼指出方向；心無「意」時，盤子仍在那裏，只是沒有指示方向。在這裏，我們會審視第二種情況，即心會有「無意」之時，此狀態並非不關涉道德範疇時才出現，恰切而言，是「意」未作用而矣，而不是無「意」的存在。我們既已視「心」為一道德心，則「意」是心之所存，遇事必應，故有好惡之表現。董生此問，乃將心與意分拆為兩個獨立體來看，以「心」為主；宗周之答，則顯「意」之功，故言宗周之學乃誠意之學。

上文曾論及宗周藉以明志的四句，當中首兩句：「有善有惡者心之動，好善惡惡者意之靜」，正好再用來配合說明「心」與「意」的用，牟宗三先生對此有極精闢的分析：

劉蕺山不先抽離地設一「無善無惡」之「心之體」，直就具體的眼前呈現的動用之心而言心，此不是超越分解地說，而是現象學地、描述地說。故直云「有善有惡者心之動」：心之關涉於經驗而發心動念

〔註18〕戴璉璋、吳光主編：《劉宗周全集（二）》，頁522。

〔註19〕戴璉璋、吳光主編：《劉宗周全集（二）》，頁397。

必隨經驗而歧出而分化，故有善惡之「兩在」。……但是，心不能只是現象學地順經驗一面去看。它還有超越的一面。這超越的一面也可以現象學地而且體性學地給指點出來，反顯出來。這便是「好善惡惡意之靜」一句之所示。此好善惡惡之「善」不是經驗層上的「念」，它是超越的、先天的、道德判斷所自出的絕對自肯、純一無二的自肯、恆自淵然貞定的自肯，所以它是絕對地「善的意」，絕對地「善的自肯」。順這自肯而直接推出的或最原始的道德態度或道德決斷便就是這「好善惡惡」所表示的。〔註20〕

宗周肯定意蘊於心，心有實體義，但亦會起用，故牟宗三先生的分別說是必需的，「心有實體義」是超越分解地說的「心」，「動用之心」是現象學地、描述地說的「心」。因發心動念關涉經驗，而心之動之善惡兩在不能離念，故念亦為善惡兩在。但超越地說的「心」，也可由現象學地而且體性學地表示之，所謂體性學，即能體現吾人之道德性之學問，而這套學問亦可在經驗界以現象方式呈現出來者，儒家之學問即是此種異質綜和的模式。宗周深得儒學精粹，並舉「心」的兩層意思，由好善惡惡的「意」來反顯彰著「心」的超越層。綜括好善惡惡的「意」是有一絕對的自肯（此自肯由「毋自欺」、「自慊」而來），故為絕對地善。在這處，我們可以清楚地察照出宗周開端別起的兩個新觀點：一是嚴分「意」和「念」；二是以意為首出，由意彰著心。

宗周既以意為首出，他極力反對朱子「以所發訓意」便如理了：

意者，心之所存，非所發也。朱子以所發訓意，非是。傳曰「如惡惡臭，如好好色」，言自中之好惡一於善而不二於惡。一於善而不二於惡，正見此心之存主有善而無惡也，惡得以所發言乎？如意為心之所發，將孰為所存乎？如心為所存，意為所發，是所發先於所存，豈大學知本之旨乎？〔註21〕

宗周再借：「所謂誠其意者，毋自欺也。如惡惡臭，如好好色」（〈誠意章〉）之意來批評朱子規定「意」是心之所發的不恰當。宗周的理據在「如惡惡臭，如好好色」正見此「心」是一於善而不二於惡，即「心」的全幅內容是善而無惡，否則不能作出好惡的道德判斷，反過來假設，「心」的內容若有善有惡，則此「心」絕不是道德心，即不能作道德判斷了，所以宗周指出以所發（即有

〔註20〕牟宗三：《宋明儒學的問題與發展》，頁298～299。
〔註21〕戴璉璋、吳光主編：《劉宗周全集（二）》，頁459。

善有惡）來說明「意」，一則使「意」落於經驗義，同時亦使「心」喪失道德判斷能力。至於宗周反對「所發先於所存」，以其違反了《大學》的本旨，這說法則值得進一步探討。

　　《大學》中知本的「本」不單以「心」言，「本」同時亦是「意體」「獨體」等；其次，「存發只是一幾」已被肯定，則「所存」與「所發」應無先後，何以這處再以「如心為所存，意為所發，是所發先於所存」來反推論？理應「心」「意」無分所存抑所發，該視為一體平鋪。宗周在此處之用意，應是針對朱子以「致知」為誠意之本的道德踐履工夫來說。因為依朱子的路數，以「格物致知」作為遞進的道德修養的基礎，誠其意的首要工夫在知為善以去惡，善、惡乃成不相容的兩個獨立者，同時「惡」亦存於人，這觀點是宗周必不接納的。

二、知藏於意

　　下段引文接上文「意蘊於心」語錄部份：

> 又就意中指出最初之機，則僅有知善知惡之知而已。此即意之不可欺者也。故知藏於意，非意之所起也。〔註22〕

　　「意」既要起用，其最初之機亦只能是「知善知惡」之「知」，因不「知」如何可定好惡？但這裏的「知」決不是認知義上的知道或不知道，否則會隨經驗中千差萬別的事宜牽動，「知」既「知善知惡」，其有道德意義不容否定。至於「意」不可欺，因「意」非由外界之物事或忿懥、恐懼、好樂、憂患等情緒操控。同理，非「意」生起「知」，能知善惡是由「知」本身彰顯「意」之作用，故此，「知」亦是「自知」，不用他證。由此推證，此藏於意之知即「意」自身之「明覺」，這種蘊藏義，前見於「意蘊於心」，同時，此藏於意的「知」正好把陽明極言的「良知」收攝入內〔註23〕，故宗周的「四句」中的第三句：「知善知惡是良知」一語，正使良知之用有收煞，如此歸顯於密的工夫便顯得更緊緻了。

三、物即是知

　　再續上文「知藏於意」語錄部份：

> 又就知中指出最初之機，則僅有體物不遺之物而已。此所謂獨也。

〔註22〕楊家洛主編：《中國學術名著第三輯歷代學案第一期書（四）》，頁 677～678。
〔註23〕牟宗三先生評宗周知藏於意呈「方圓合一」之規模，而陽明未能著，此部分意思可參考牟宗三：《宋明儒學的問題與發展》，頁 301。

故物即是知，非知之所照也。《大學》之教，一層切一層，真是山窮水盡學問。〔註24〕

順以上語錄之意，「知」即「良知」，何以滲有「物」在內？在「體物不遺之物」與「物即是知」兩句中，宗周所指之「物」，意思是否一致？首先，「體物不遺之物」一句，首個「物」字，應指因吾人本「誠」而被賦予了價值義的一切「物」，為何宗周將此「物」作如是觀？其用意於「體物不遺」之「不遺」一詞可見，而且應與程明道言「體物而不可遺」義相同：

　　……體物而不可遺者，誠敬而已矣，不誠則無物也。《詩》曰：「維天之命，於穆不已。於乎不顯，文王之德之純」，「純亦不已」，純則無間斷。〔註25〕

以誠敬的工夫，不間斷地達到體物而不遺，應是宗周誠意說的濫觴，因為「不誠無物」一語，肯定了此一道德踐履背後的超越根據——心體的作用，在宗周而言，即「獨體」、「意體」的彰著。至於「體物不遺之物」最末一「物」字，非指經驗層的任何事物，而是「知」中最初之機，是「獨體」，也是「意體」，故吾人可喚此「物」為「意知」，「意知」即是能誠、能體物不遺的保證。

牟宗三先生對整段語錄，曾有總結云：

　　意知體物不遺，則所體而不遺之物即天下、國家、身心三物也。意知即于物，物亦即于意知。即于意知即即于「至善」，即于「止」。故物止于知（意），非知之所照也。「物即是知」，此「即是」由即于止、即于至善而定。一層切一層即向裡收攝也。知吾知，則知習于獨，此以獨說知，故「知」即獨體，體物而不可遺者。〔註26〕

牟宗三先生分析「所體而不遺之物」的「物」乃天下、國家、身心等，「意知」（可分言「意」與「知」，因知本身彰顯了意的作用）既然體物不遺，則與「物」通，並止于止、止于至善。由於「物」被收攝入意知內，故另一方面亦可以「知」或「獨」表述「物」的超越義。

其次，我們再借宗周錄於〈學言〉的兩段話了解「物即是知，非知之所照」的含義：

〔註24〕楊家洛主編：《中國學術名著第三輯歷代學案第一期書（四）》，頁677～678。

〔註25〕〔宋〕程顥、程頤撰，潘富恩導讀：《二程遺書》，〈明道先生語一〉（上海：上海古籍出版社，2000年12月第一版），頁165。

〔註26〕牟宗三：《牟宗三先生全集⑧》，〈蕺山全書選錄〉（臺北：聯經出版社，2003年4月初版），頁54～55。

> 身者，天下國家之統體，而心又其體也。意則心之所以為心也，知
> 則意之所以為意也，物則知之所以為知也，體而體者也。物無體，
> 又即天下國身心意知以為體，是之謂體用一源，顯微無間。〔註27〕

> 心無體，以意為體；意無體，以知為體；知無體，以物為體。物無
> 用，以知為用；知無用，以意為用；意無用，以心為用。此之謂體
> 用一源，顯微無間。〔註28〕

依「物則知之所以為知也，體而體者也。」與「知無體，以物為體。」兩
句，即明：以「物」為「知」之體，「物」亦是「知之所以為知」；加上：「物
無用，以知為用」，明「物」、「知」乃體用一源，故「物即是知，非知之所照」
的說法是合理的。在「物即是知」的角度而言，此「物」亦有超越義，因「知」
如前述與「意」是一合相，「意」是一實體，則「物」順此理路，可確解為不
屬於經驗層的任何一事或一物，而是一超越義上的「物」，再加上前述：宗周
視「獨」的特性為「本無一物之中而物物具焉」，更加肯定上論〔註29〕。

宗周在〈大學古記約義〉中，亦有相類意思的篇幅：

> 盈天地間皆物也。自其分者而觀之，天地萬物各一物也；自其合者
> 而觀之，天地萬物一物也，一物本無物也。無物者，理之不物於物，
> 為至善之體而統於吾心者也。雖不物於物，而不能不顯於物：耳得
> 之而成聲，目寓之而成色，莫非物也，則莫非心也。……致吾心之
> 聰明者，致吾心之良知也。良知之於物，如鑑之於妍媸、衡之於高
> 下、而規矩之於方圓也。鑑不離物而定妍媸，衡不離物而取高下，
> 規矩不離物而起方圓，良知不離物而辨是非，一也。故曰：「致知在
> 格物。」……心非內也，耳目非外也，物非粗也，無物之物非精也，
> 即心即物，非心非物，此謂一以貫之。〔註30〕

以上引文可分三個觀點來說明：

首先是宗周確定天地萬物可以分、合來看，即是各一物或一物（即無物），
而吾心不受物的拘限，但借物而顯。其次，致吾心之聰明即致良知，也離不

〔註27〕戴璉璋、吳光主編：《劉宗周全集（二）》，頁457。

〔註28〕戴璉璋、吳光主編：《劉宗周全集（二）》，頁531。

〔註29〕牟宗三先生曾就宗周「知止」之知與「知藏於意」之知的使用提出批評，言
其混雜，內容詳見牟示三：《從陸象山到劉蕺山》（臺灣：學生書局，1979年
8月初版），頁473～484。

〔註30〕戴璉璋、吳光主編，《劉宗周全集（一）》，頁759～760。

開物。最後是即心即物，非限於「只是心」或「只是物」。這與<u>程明道</u>的「仁者渾然與物同體」的觀點一致。

至於「物無體，又即天下國身心意知以為體」，說明了<u>宗周</u>貫通物、知、意、心四者為一，在主、客觀面，在經驗及超越層，綜述出一個道德形上學的規模，至於獨之知，即致知之知，即本源即末流也，是故得「體用一源，顯微無閒」，此為比前賢說得更到底的定論。

在〈大學雜言〉的序文中，<u>宗周</u>云：

> 諸生講《大學》。一夕，偶思而得之，因謂諸生曰：《大學》一篇是人道全譜。試思吾輩坐下只此一身，漸推開去，得家、國、天下，漸約入來，得心、意、知。然此知不是懸空起照，必寄之於物，纔言物，而身與家、國、天下一齊都到面前，更無欠剩。〔註31〕

<u>宗周</u>的「推開去」及「約入來」，是<u>孟子</u>的盡心工夫，是<u>明道</u>的體物不遺，此為儒學一貫的義理關節所在。故<u>宗周</u>的「四句」以「有善無惡是物則」作結，「物則」即是「天理」，是意知獨體所具並能呈現的體物不遺的天理，亦為有善無惡者，故一無欠剩。基於上述之分析，「意體」與「獨體」互透的「隱微」，由「思誠」來彰顯，而「意者，心之所以為心也」又彰著「意體」與「心體」的關係，故見誠意、慎獨工夫的體用相連脈絡。

第三節 「良知」之顯教歸於「意根最微」的密教

經過註釋《大學》，<u>宗周</u>已掌握並確定有關「意體」、「獨體」和「心體」的本質內容，故他即提出一總結語：「意根最微，誠體本天」，以便完成第一步的歸顯於密的工作。

<u>宗周</u>重「意」，亦以「意根」名之，曾云：

> 《大學》之教，只要人知本。天下國家之本在身，身之本在心，心之本在意。意者，至善之所止也，而工夫則從格致始。正致其知止之知，而格其物有本末之物，歸於止至善云耳。格致者，誠意之功，功夫結在主意中，方為真功夫，如離卻意根一步，亦更無格致可言。故格致與誠意，二而一，一而二者也。知止而定、靜、安、慮、得，所謂知至而後意誠也。意誠則正心以上一以貫之矣。今必謂知止一

〔註31〕戴璉璋、吳光主編，《劉宗周全集（一）》，頁767。

> 節是一項工夫，致知又是一項工夫，則聖學斷不如是之支離，而古
> 人之教，亦何至架屋疊床如是乎？〔註32〕

> 然則致知工夫，不是另一項，仍只就誠意中看出。如離卻意根一步，
> 亦更無致知可言。〔註33〕

宗周明言《大學》之教在「知本」，這個「本」由八條目層層探索，停在「意」處，成為「根源」，名其為「意根」，這肯定了他以「意體」為首出；又因其為「至善之所止」，這個「意根」即有道德義。因此，宗周順理再釐定「格物致知」義，致知之「知」應是「知止之知」，將「知」的認知義剝落，而「物」則是有「本末」者，不再限指「物」為經驗界的事物。如此，宗周遂下結論：格致與誠意通而為一，離卻意根無真功夫可言，可見「意根」一詞，寓意深遠，就如植物深藏之盤根，為一整株植物立足之根基，「意根」也為踐德之依據。他更肯定聖學絕不支離破碎，「知止」與「致知」無分別，只要於意誠後，則正心等諸關節即能貫通（意誠則正心以上一以貫之），這一點顯示宗周重建的誠意學，為道德實踐工夫找對了一個發展的方向，而這「意根」又肩負了一個歷史的任務，就是與陽明的「有善有意者意之動」句中的「意」一併進行考量，為儒學的圓滿發展再奮鬥。

宗周除以「意根」表述「意體」，並由「意根」通「獨體」，點示「微」：

> 「如惡惡臭，如好好色」，全是指點微體。過此一關，微而著矣。好
> 而流為好樂，惡而流為忿懥，又再流而為親愛之辟，為賤惡之辟，
> 又再流而為民好之辟，民惡之辟，濫觴之弊一至於此，總為不誠意
> 故。然則以〈正心章〉視誠意，微著之辨彰彰矣，而世儒反以意為
> 粗根，以心為妙體，何耶？〔註34〕

「如惡惡臭，如好好色」是誠意、慎獨之功，故「意體」其用未彰時即「微」，但意能誠後，「微」即著，故宗周感慨世人對「好惡」誤解，演變為民好、民惡之辟，徹底減煞了「好善惡惡」的道德義，宗周更認為《大學・正心》章正顯「心正」也是「誠意」之功，因「意者，心之所以為心也」，故反斥「以意為粗根」者為不諦。上文亦有以「微體」一詞與「意根」相通的意思，宗周於另處明言：

〔註32〕戴璉璋、吳光主編：《劉宗周全集（二）》，頁458。
〔註33〕戴璉璋、吳光主編：《劉宗周全集（二）》，頁525。
〔註34〕戴璉璋、吳光主編：《劉宗周全集（二）》，頁528。

好惡從主意而決，故就心宗指點；喜怒從氣機而流，故就性宗指點，畢竟有好惡而後有喜怒，不無標本之辨，故喜怒有情可狀，而好惡托體最微。〔註35〕

「好惡從主意而決」中的「主意」即「意體」，好惡借托於「意體」，由此而極言「微」，其義與上一則引文同。至於「心宗」與「性宗」之別，是從好惡及喜怒所從者而分出，此分野將於下一章詳述。至於「標本」之辨，是宗周想突出「意體」乃最微者而已。

宗周於〈答葉潤山民部〉一書中，贊同其以「微之微」言《大學》之誠意，就是以「意」為實體，並配《易》以定義「幾」，云：

其四曰：《大學》八條目，向來於誠意一關都看錯了。今來教曰：「學至誠意，微之微矣。」卓哉見也。意有好惡而無善惡，然好惡只是一機。《易》曰「幾者動之微，吉之先見者也」是也，故莫粗於心，莫微於意。〔註36〕

《易》曰：「幾者動之微，吉之先見。」更不雜凶字。君子見幾而作，所謂「善，必先知之也」。惟先見，故先知，先知之謂知幾，知幾則知所止矣。或曰：「吉下有凶字。」仍是「不善必先知之」，不以禍福言也。〔註37〕

宗周以「吉之先見」而言好惡只是一機，而「意」因此無善惡，是「動之微」者，君子知幾並知所止，即「止于至善」也，在此是特重「先知」而不是禍福吉凶。

宗周肯定「君子見幾而作」，是上承《論語》《孟子》一路對「誠其意」即「人之道」的理解，孟子云：

是故誠者，天之道也。思誠者，人之道也。至誠而不動者，未之有也。不誠，未有能動者也。〔註38〕

「思誠」既是人之道，而且有「天」保障其為普遍必然者（「誠者，天之道也」），則不論人所知或己獨知，誠沒有不能起動者，同時，「誠」也是一個道德實體，因為「至誠而不動者，未之有也。不誠，未有能動者也」，至誠即

〔註35〕戴璉璋、吳光主編：《劉宗周全集（二）》，頁540。
〔註36〕戴璉璋、吳光主編：《劉宗周全集（三上）》，頁387。
〔註37〕戴璉璋、吳光主編：《劉宗周全集（二）》，頁526。
〔註38〕朱熹：《四書集註》，頁103～104。

能動，保障了道德踐履的必然起動，而且這種「起動」乃來自「人」的思誠（「人之道」），是自律道德的規模。

牟宗三先生曾就「思誠」分析出「誠體」的實義：

……言「思誠」則是由思之對象而規定其道德的意義，明此思是思誠體，並非成功經驗知識之一般思想也。成功經驗知識之一般思想，其所思者乃是經驗對象，而此卻是誠體。思誠者即是明朗其誠體之謂。誠體是客觀地說的道德之實體，思誠即是主觀地朗現此誠體。誠體朗現，誠體之真實性（道德創造的實體之真實性）即全部滲透于此思之明用中，而思亦為創闢朗潤之思，而思亦全部浸潤于誠體中，而誠體亦為瑩徹明通之誠體，此為道德意義之思，亦即心之通用之進一步地規定其道德的意義。〔註39〕

誠體是客觀地說的道德之實體，思誠即是主觀地朗現此誠體。「心之官則思」早經先賢確定其道德價值，故「思」之對象不能為經驗中某一物事可以想見，「思誠」的「誠」乃一道德之實體是分析地真，故朱子曾註「誠」為「誠者，真實無妄之謂」（《中庸》第二十章），理解無誤。牟宗三先生以創闢朗潤表「思」，以瑩徹明通表「誠體」，是針對「誠體」作為道德之實體，其創生性及感通性，正好顯現一絕對普遍必然性，這也是自律道德的必要條件。

我們嘗試從《論語》《孟子》一路再來解構「誠」，儒者既然確認仁義內在，則把此處之「誠」視作「仁」，為內在於人者：

孟子曰，乃若其情，則可以為善矣，乃所謂善也。……仁義禮智，非由外鑠我也，我固有之也，弗思耳矣，故曰，求則得之，舍則失之。〔註40〕

孟子所指的「情」是人之為人的實情〔註41〕，「乃若」是發語詞，「其」是指人，整上段的意思是：人就著其為人的實情，是可以為善的。「可以為善」即表示人有其足可以為善的充足力量，其必為「善」不為「不善」者，蓋由「仁義之心」出。既然仁義禮智是人固有，只是人不思，所以「求」便可，且不用外求，人只需內自省。此點固與：「我欲仁斯仁至矣」（《論語・述而》）意同，同時，可充分解釋了「誠於中，形於外，故君子必慎其獨也」是一分析命

〔註39〕牟宗三：《心體與性體（一）》，頁339。

〔註40〕朱熹：《四書集註》，頁161。

〔註41〕此處詳析可參考牟示三：《圓善論》（臺灣：學生書局，1985年），頁22～23。

題，即君子之所以「慎獨」這個結果，包涵在前提：「誠於中」內，這個「誠」即「誠體」，是道德實體；至於「形於外」，亦因有「誠於中」保障，所以不會有「揜其惡而卒不可揜，欲詐為善而卒不可詐」的情形出現，君子能誠即是慎獨，君子慎獨即是能誠。

宗周於〈學言〉又云：

> 誠者，自成也，誠於意之謂也。

> 誠者，不思而得；良知，不慮而知。良知，一誠也。致知，誠之者也。此文成祕旨。〔註42〕

「誠者」是自成，是內在於吾人、由人自身所能成就者，這當然是宗周系統內的「意」了。宗周進而以「不思而得」及「不慮而知」顯示「誠」及「良知」非思辨層之事〔此處應不採「心之官則思」的「思」義〕，同時以「良知」為「誠者」，「致知」為誠之者，這一方面顯示宗周繼承了儒家「天之道」及「人之道」的實踐方式，另一方面也將陽明的良知教收納進誠意教內。

宗周深得孟子「誠者」及「誠之者」之義，借「慎獨」一說到底：

> 「誠者，天之道也」，獨之體也。「誠之者，人之道也」，慎獨之功也。

> 孟子曰：「思誠者，人之道也。」思字於慎獨之義更分明。「思曰睿」，獨體還明之路也。故夫子於艮象曰：「君子以思不出其位。」慎之至也。故又曰：「慎思之。」〔註43〕

宗周很清楚的表述了「獨之體」及「慎獨之功」，並以「誠體」一統之，這種體用不離的觀點，傳承自孟子的「思誠」，並以「艮象」來支持自己的見解，可見宗周受先秦儒學的影響頗深。茲再舉宗周於〈大學古記約義・慎獨〉篇所言的「慎獨之功」云：

> 君子之為學也，非能藏身而不動，杜口而不言，絕天下之耳目而不與交也。終日言而其所以言者，人不得而聞也，自聞而已矣；終日動而其所以動者，人不可得而見也，自見而已矣。自聞自見者，自知者也。吾求之自焉，使此心常知、常定、常靜、常安、常慮而常得，慎之至也。慎則無所不慎矣，始求之好惡之機，得吾誠焉，所以慎之於意也；因求之喜、怒、哀、樂之發，得吾正焉，所以慎之於心也；又求之親愛、賤惡、畏敬、哀矜、敖惰之

〔註42〕戴璉璋、吳光主編：《劉宗周全集（二）》，頁547。
〔註43〕戴璉璋、吳光主編：《劉宗周全集（二）》，頁495。

所之，得吾修焉，所以慎之於身也；又求之孝、弟、慈，得吾齊
焉，所以慎之於家也；又求之事君、事長、使眾，得吾治焉，所以
慎之於國也；又求之民好、民惡，明明德於天下焉，所以慎之於天
下也。而實天下而本於國，本於家，本於身，本於心，本於意，本
於知，合於物，乃所以為慎獨也。慎獨也者，人以為誠意之功，而
不知即格致之功也，人以為格致之功，而不知即明明德於天下遞先
之功也。大學之道，一言以蔽之，曰慎獨而已矣。〔註44〕

君子所重者在「自」，由自聞、自見、自知而使此心常知、常定、常靜、
常安、常慮而常得，宗周認為這是「至慎」，所以君子之學也是先在己分上用
功，這種工天配於《大學》而言，是非常明顯的。戴璉璋先生對此指出宗周的
用心處：

他指出這一工夫是在心上做，在人之「所以言」、「所以動」、自聞、
自見、自知的「隱微之地」上著手，自求此心隨時隨地能夠「知
止」，能夠定、靜、安、慮而能「得」。這是所謂「慎之至」。這種
慎的工夫，隨著心意的活動而有種種面向，並有相應的功效，即
所謂「得」。……這樣，一方面展出「慎」之「無所不慎」的義蘊；
另一方面則說明了「獨」之作為本體，其「本無一物之中而物物
具焉」的特性。當然這「物物具焉」是要通過「無所不慎」的踐
履才會一一呈現的；這「本無一物」也必須通過「慎之至」的工
夫才能證知。〔註45〕

宗周理解的「至慎」工夫既於「明明德於天下」無所遺漏，則成就這實
踐工夫的背後支柱──「獨體」，是儒家的心體、性體無異。

宗周既已找出意、獨、心及誠等諸概念的道德實體義，便一統由「誠意」
及「慎獨」兩個體用相即的範疇來完成「歸顯於密」的初步工作：

意根最微，誠體本天；本天者，至善者也。以其至善，還之至微，
乃見真止；定、靜、安、慮，次第俱到，以歸之得，得無所得，乃
為真得。此處圓滿，無處不圓滿；此處虧欠，無處不虧欠。故君
子起戒於微，以克完其天心焉。欺之為言欠也，所自者欠也。自

〔註44〕戴璉璋、吳光主編，《劉宗周全集（一）》，頁761～762。
〔註45〕戴璉璋：〈儒家慎獨說的解讀〉，收入《中國文哲研究集刊》第二十三期（臺
北：中央研究院中國文哲研究所，2003年9月），頁224。

處一動，便有夾雜；因無夾雜，故無虧欠。而端倪在好惡之地，
性光呈露，善必好，惡必惡，彼此兩關，乃呈至善。故謂之「如
好好色，如惡惡臭」。此時渾然天體用事，不著人力絲毫。於此尋
箇下手工夫，惟有慎之一法，乃得還他本位，曰獨。仍不許亂動
手腳一毫，所謂誠之者也。此是堯、舜以來相傳心法，學者勿得
草草放過。〔註46〕

以上引文由「真止」配言「意根最微」、由「真得」配言「定、靜、安、
慮，次第俱到」，前者因由至善見「微」，後者由次第俱到見「得」，兩者俱一
體通之，而踐履的重點在：戒於微，以克完其天心。戒微即慎獨，此是藏於密
之又密的境地的「意體」；但吾人「誠之」即能克完天心，即能充盡天理，此
天理即至誠者（即「是故誠者，天之道也」）、至善者，此為「誠意」之功。此
時渾然天體用事，不著人力絲毫，但又顯露吾人善必好，惡必惡的內在道德
性，這便是「意根最微，誠體本天」所指涉者，如此圓熟無礙的體用相即，宗
周斷定這是堯、舜以來相傳的心法，也是儒者著力之處。

「意根最微，誠體本天」，是朝着「心性天一」這大方向而行的，宗周也
表示肯認，云：

理，一也。得於心為德，本於生為性，蘊於性為情，達於情為才，
亶於初為命，體於自然謂之天。故曰：「誠者，天之道也。」惟天
無外，人得之以為人，物得之以為物，天得之以為天，地得之以為
地。盡則俱盡，虧則俱虧，不由乎我，更由乎誰？是為性宗，是為
人造。〔註47〕

誠者，天道之本然；聖者，人道之極至。〔註48〕

問：「心性兩字，是一是二？」曰：「心只是此心，言心而性在，天
下無心外之理。」〔註49〕

首段引文為一總綱語，心、性、情、才、命與天皆為理，都是常則，故通
為「一」。「誠者」是天之道，即天道之本然，雖惟天無外，但仍由人誠之，故
盡則俱盡，虧則俱虧，皆由我，聖者即能盡人道之極至者。宗周言此為「性

〔註46〕戴璉璋、吳光主編：《劉宗周全集（二）》，頁535～536。
〔註47〕戴璉璋、吳光主編：《劉宗周全集（二）》，頁547～548。
〔註48〕戴璉璋、吳光主編：《劉宗周全集（二）》，頁608。
〔註49〕戴璉璋、吳光主編：《劉宗周全集（二）》，頁616。

宗」，是想顯示吾人之「性體」，其徹上徹下互通天、人的特質，故引文第三段即示心與性是一，言心而性在。

　　以上三段引文內容，帶引出兩個重要的課題，即：「心宗」與「性宗」不同的進路；以及「以心著性」的意涵。宗周進行的第二步「歸顯於密」的工作，就是將「心體」之顯教歸於「性體」的密教，有關相應的問題，將於稍後討論。

第四章 「性天之尊」在宗周系統中的突出地位

第一節 「性」之尊

　　宗周以「意根最微」建立密教最核心的部分，亦是吾人主觀的、內在的踐德之能的源泉，那麼，客觀的、超越層的一面，便由「性」及「天」這兩方面來完備。宗周一方面借《大學》盛言「心」「意」，這是「心宗」的進路；另一方面又藉《中庸》推舉「天命之性」，由「性宗」入手，此兩路頭皆趨向儒家既超越而又內在的道德形上學進發，故本章名為「性天之尊」在宗周系統中的突出地位，非指必要先說「性」及「天」兩觀點才能成就密教，這絕不是邏輯推論上的前提，只是研討上的分說方式而已，重點是在心性學的範圍內凸出「性天之尊」，所謂「尊」者，即對其有敬意，希望藉客觀的『性體』圓實吾人內在之『心體』，祈能在最後得「心、性、天是一」的結論，這才是儒家千古相傳的心法所在。

　　本文曾提出宗周視「性體」有徹上徹下，互通天、人的特質，言心而性在，這便是終成「歸顯於密」的鑰匙。宗周於五十四歲時（公元 1631 年）寫的〈中庸首章說〉，是一個尋找上述鑰匙的好線索，當中他所認許的「性體」，直以《中庸》的「天命之謂性」的性為底子，而且斷定「性有全能」，對儒學的圓滿發展很重要，以下即據〈中庸首章說〉中諸重點以辨之：

　　　　或問《中庸》首章大旨。先生曰：盈天地間皆道也，而統之不外乎

> 人心。人之所以為心者，性而已矣。以其出於固有而無假於外鑠也，
> 故表之為「天命」，云：「維天之命，於穆不已，天之所以為天也。」
> 天即理之別名，此理生生不已處即是命。以為別有蒼蒼之天，諄諄
> 之命者，非也。率此性而道在是，道即性也。修此性而教立焉，性
> 至此有全能也。〔註1〕

「盈天地間皆道也，而統之不外乎人心」的「統」指示出一種統攝作用，
這種作用是在「天地之道」這個先驗系統中出現的，整句可理解為「人之本
心統攝天」，或「人心即天地之道」，簡言「心即天」。吾人有此「心」，因吾人
之「性」是固有而無假於外鑠的，此處所言之「固有之性」源自〈孟子·告子
上〉：「仁義禮智，非由外鑠我也，我固有之也」，「固有之性」即「道德之性」
〔註2〕，故又可言「心即性」，亦可表述為「天命」。

宗周統合「天命」為一專詞立言，這在《論語》已發其端，如：「五十知
天命」（《論語·為政》）及「君子有三畏。畏天命，畏大人，畏聖人之言」（《論
語·季氏》）皆是其活水源頭，都是「天」合「命」而言，其實在儒家的系統
中，亦有「天道」、「天理」及「天倫」等專詞的使用。熊十力先生曾用「發用
流行」釋孔子以「天命」合用之義，云：

> ……故言天者，亦只合於發用或流行處置詞。其流行不已，發用無
> 窮者，即天也。離發用流行而言天，天果何物乎？夫人也，固離其
> 舉動與行事種種作用，而有人之身可言，天則不可以擬人。離發用
> 流行，而無天之形體可得矣。是故孔子每以天命二字，合用為複詞。
> 〔《論語》五十而知天命，與《中庸》首章天命詞同。〕意深遠哉！……
> 人稟天命而生，即從其在人而言，別謂之性。實則，性即天命也。
> 天命徧成萬物。即說天命為萬物之本性……而一人一物之得乎天命
> 者，莫不得其全。易言之，即一人之性，是天命全體。〔註3〕

熊十力先生以發用流行為天之形體，這一點不能視「天」為純自然義之
天，因段意下接：「即從其在人而言，別謂之性」，是先從「人之性」再言萬物
之本性，如果肯定「一人之性，是天命全體」，則天命全體不應只賦予吾人純

〔註1〕戴璉璋、吳光主編：《劉宗周全集（二）》，〈語類·卷十·中庸首章說〉（臺北：
中研院文哲所，1996年），頁350～351。
〔註2〕「固有之性」即「道德之性」，整個推論可參考朱熹：《四書集註》，〈孟子·
告子上〉（香港：太平書局，1982年），頁161。
〔註3〕熊十力撰：《讀經示要》，（臺北：明文書局，1984年7月初版），頁29。

一客體肉身，而獨缺主觀精神，當然，站在人視物之立場，我們可掌握的就只是一物之客身，該物之主觀層是不可知的。按「天命為萬物之本性」，一人之性又是天命全體，則以程明道之「仁者與天下萬物為一體」的境界觀照下，此偏成萬物的天命，方可說其道德內容，一物得乎天命之全，是人得其「全」後之一體視「物」的觀點而已。故此，熊十力先生之言看似有曲折，但仍以「人之性」的觀點為首出是毋容置疑者。

　　至於宗周，有關「天命」的使用，與朱子的路數大相逕庭。就「天命之謂性」一句，朱註云：「命，猶令也，性即理也。天以陰陽五行，化生萬物，氣以成形，而理亦賦焉。猶命令也。於是人物之生，因各得其所賦之理，以為健順五常之德，所謂性也」〔註4〕，朱子是把「天」與「命」分拆開來說明的，就上述「天以陰陽五行，化生萬物，氣以成形，而理亦賦焉」顯見「理」是靜態的、「氣」是活動的，而「理」成為「氣」動的所以然，但這個超越根據按上註即變成只存有而不活動之理。再者，「命」若解作「命令」，則「性即理」中的「性」，便是由「天」所下命於諸萬物之「性」，不單指涉「人」而言；再者，由「天」所下命，「人」、「天」相隔，要獨立言「人之為人」的「道德性」是不可能了，這是儒者所不容的。

　　宗周既以〈頌・維天之命〉一詩：「維天之命，於穆不已」來說天，這個「天」便是一實體，同於《中庸》云：「肫肫其仁，淵淵其淵，浩浩其天」（《中庸》第三十二章）的「天」義，有一道德價值（仁）在。「於穆不已」即「天」這個道德實體不停息地起作用，由於宗周又規定「天」即理，故這個「理」生生不已處才是「命」，這裡的「命」故可另名為「天命」以彰顯其德性之生生不已，這「理」相對朱子而言即有一「即存有即活動」的創生義，因此，「天命之謂性」一語應只規定在「人」這個族類中作為一絕對普遍之道德法則使用，我們從宗周云：「以為別有蒼蒼之天，諄諄之命者，非也」即肯定他不會視「天」、「命」純有自然現象義了。

　　蔡仁厚先生曾就「天命之謂性」中「命」的兩種方式作說明：

> 「天命之謂性」的二種方式：①宗教式的命法：由人格神意志天命
> 給人如此之性。此義自亦可說，但儒家言性，不重此義。②宇宙論
> 式的命法：形上實體之天，在其生生不已（生物不測）的活動中，
> 降命於（流行於）人而為人之性。在此，又有二義可說：A由個體

之性同源於天命、而說「普遍性」，B由個體承受天命以各成其性、而說「差別性」。又，普遍性的性，是超越的創造真幾，是道德創造之根源，在此說「人物同體」。差別性的性，是個性、脾性、類不同之性，在此說「人禽之辨」。〔註5〕

蔡仁厚先生的簡別十分清楚，宗周所言之「天命」，絕對是宇宙論式的命法，因據上述〈頌·維天之命〉之天義而來，而按②A：「由個體之性同源於天命、而說『普遍性』」一語來理解，是以「人」這個類族為首出，視每個個體之性皆同源於天命，而說此「性」有「普遍性」，這是從根源上說，則「人物同體」是一種由「人」的德性所開展出來的境界便如理了，這個意思宗周應不反對。當然，我們仍然可以就「差別性的性」來討論，這就是孟子與告子在「人禽之辨」中〔註6〕，告子所言的「生之謂性」的古傳統，而宗周於這種「差別性的性」的討論並無多大的着墨，在此不贅論。

另於〈中庸首章說〉稍後篇幅，宗周亦再採用「天命」這個專詞，云：「中為天下之大本，非即所謂「天命之性」乎？」〔註7〕，《中庸》首句：「天命之謂性」其中「之謂」被略為「之」使用，是宗周視「天命之性」為「天命就是性」解，將「性體」的客觀超越義凸出，將「生之謂性」的古傳統剗落。至於宗周以「中」為「天命之性」的另一詮釋，也是「性體」的重要議題，將於稍後討論。

假若我們真的要分拆言「天」與「命」，唐君毅先生的意見可供參酌：

然中庸之標出天命之謂性一語，直接溯人性之原於天命，人性乃上承天命而來，此正是墨莊荀以來天與命之分離，及天命之自然化之思想潮流之一扭轉；而上契劉康公所謂「民受天地之中所謂命」之義，以承孟子於人性即見天所命之教者。而中庸之直下點醒天命之謂性，正為補足孟子言所未及。其與孟子之不同，則孟子思想之時代意義，在收攝墨子與傳統宗教之見中，所謂原於天命天志之典常，而指歸其本於人性；而中庸思想之時代意義則在：再溯此人性之原於天命，以見人性之宇宙之意義與形而上之意義，乃謂「思知人不

〔註5〕蔡仁厚：《中國哲學史大綱》，（臺北：學生書局，1999年9月初版四刷），頁58。

〔註6〕有關「人禽之辨」的整個論述，可參考牟宗三：《圓善論》，（臺北：學生書局，1985年7月初版），頁4～12。

〔註7〕戴璉璋、吳光主編：《劉宗周全集（二）》，頁351。

可不知天」。而其所以能進至由人性原於天命,更由知天以知人者,則當在其由人心之能繼續的自命自令,而自求明善誠身處,透視出人心自有一超越而在上之根原,即無聲無臭之上天之載之根原,足以成其道德生活中求自誠之事相繼而無息者。於是人心之自命自令,皆天之所以命我令我;此自命自令中所顯之性,皆顯為天所命之性,人之性德之誠,皆見天德之誠,人之求自誠以盡其人道之事,亦皆為天道之誠之相續於人之事。〔註8〕

據唐君毅先生之意思,《中庸》明示人性原於天命,顯出人性之宇宙意義與形而上意義。天命藉人性而顯,此處亦剝落傳統中「天」之自然義。

至於唐君毅先生認為《中庸》是補足了孟子所言之未及,這個觀點的釐清需專題探討,暫且存之不論,但人性有宇宙意義與形而上意義卻是肯定的,所以自然義的「天」才不會被拉扯入來。再進一步言之,唐君毅先生所規定的「性」是「天」所命者,而其根據在「人心之自命自令,皆天之所以命我令我」,「人心之自命自令」表現出自律道德的規模,其理在「天」這個超越根據。那麼,「命」也即「天命」,故在「天命之謂性」一句中,「天」與「命」即可分拆言之,又可統合起來說,其義一也。

茲再據盧雪崑先生在《儒家的心性學與道德形上學》中的分析,求取支持上論的證據:

> 唐君毅先生所言「自命自令中所顯之性」,若採用康德道德哲學的概念言之,即自由意志,兩者都是無限的、絕對普遍的。此「自命自令中所顯之性」所以具無限性、絕對普遍性,根據在:它的背後有一「無聲無臭之上天之載之根源」。唐先生點出了中庸的要旨:由人能自誠自令自命處見人之性,並由人之自命,見天之以命義,以見人之性為天所命之性。此正是道德創造與宇宙生化為一的理境。〔註9〕

盧雪崑先生採用康德道德哲學中的「自由意志」一詞,指出唐君毅先生所言的「性」亦是同類概念,均具有「無限的、絕對普遍的」特性。我們可以

〔註8〕唐君毅:《唐君毅全集卷十二·中國哲學原論導論篇》(臺北:學生書局,1993年2月),頁150。

〔註9〕盧雪崑:《儒家的心性學與道德形上學》,(臺北:文津出版社,1991年8月初版),頁142。

從「性」之自命自令中彰顯了人在道德行為方面的獨創性，並且在一不受局限的大化流行之境中得以承傳，這不是單一個體的成就，而是「人類」這個全體的必然如此的趨向。由「人之自命，見天之以命」一判語，可褪去人格義的「天」的下命於人的色彩，「自命中見以命」是一種融和的關係，盧雪崑先生以「道德創造與宇宙生化為一」表述其理境，一語中的。

　　以上是就宗周剖析《中庸》首章首句「天命之謂性」所作的推論，得：「天命」這個絕對普遍法則是吾人固有之性。至於「率此性而道在是，道即性也。修此性而教立焉，性至此有全能也」就是緊隨「天命之謂性」後兩句：「率性之謂道，修道之謂教」的註腳。

　　朱子注「率性之謂道」曰：「率，循也。道，猶路也。人物各循其性之自然，則其日用事物之間，莫不各有當行之路，是則所謂道也」〔註10〕據楊祖漢先生理解上述注釋有以下意義：

> 既然一切存在皆是由天道創生而存在，一切物皆以天道為性，則在理論上，一切存在物皆是依性而行的，即一切存在物之存在及活動，都是合於道的，或可進一步說，一切物之存在，一切物之活動，皆是道的「顯現」。一切物（含一切人一切物）都是自然的循當行之法則而活動。故朱子把率性解作循性，是說存在物皆自然循性而行之意，不是說人自覺其性，自覺地依性而行。自覺其性理而依之而行，是工夫實踐，是下文「修道之謂教」所說之義，率性之謂道句，不必包含此義。故朱子說：「這循字是就道上說，不是就行道上說」……但這並不是就自然現象而平說，直下肯定一切的活動流行，都莫非是道之意。若是如此，便成自然主義的說法，以為人的任性使氣，放縱恣肆而行，都是道，這樣道德便無從建立。故說一切存在莫不自然循性而行，是就至誠者朗現其性，與萬物為一的境界來說的。……以上是按照朱子的意思而解說率性之謂道之意。但此句其實亦可只就人說，不必如朱子所說的遍就一切人物說。如只就人說，則率性之謂道是說人循天命之性而行，所表現出來的，便是道。如人循性而行，面對父，便表現孝，面對兄，便表現弟……。而這種種的表現，是人依循天命性體而不已地實現所開出來的，而這雖是由人所開出的，其實便是道的內容的呈現。故人率性而表現出的，

_____

〔註10〕朱熹：《四書集註》，頁1。

雖是人的事情，其實亦等於天道的實現。可以說，天道通過人的率
性而實現其具體內容。〔註11〕

　　楊祖漢先生分析朱子把「率性」解作「循性」，是總攬一切存在物皆自然
循性而行來說，此中並無「人」的自覺實踐的意思，故有機會成自然主義，楊
祖漢先生修正朱子之意思，認為要說一切存在莫不自然循性而行，便要通過
至誠者朗現真性、與萬物為一的境界來肯定才如理如實。故此，我們需要借
助《中庸》：「誠者，天之道也；誠之者，人之道也」（《中庸》第二十章）中有
關「誠」這個觀念來配合說明。朱子注：「誠者，真實無妄之謂」（《四書集註‧
中庸》）如果人道與天道，皆真實無妄，並且是絕不停息地作用着，那麼正如
楊祖漢先生所言，實不必如朱子般泛指一切存在物皆「率性」，而單從「人」
的層面來說，亦可清楚說明天道的具體內容由「人」率性而呈現出來。

　　至於宗周言「率此性而道在是，道即性也」，其取向是十分清晰的，他既
以「天命之性」為總綱，則「率性之謂道」一語之定解，必要突出人有自覺實
踐之能才成。熊十力先生以孟子之「操存」義解「率」，正合宗周之宗旨，以
下先擇錄熊十力先生話語云：

> 率性之謂道者，謂率由乎性，即性已顯。率由者，謂日用操存之際，
> 一切皆順性之發，而不至拘於形骸以妨礙其性也。有一毫私欲，便
> 是拘形骸所致，非其性然也。操存義見《孟子》。率性工夫，亦只是
> 操存。操存者，保任本心，而不放失。即念念之間，莫非真性流
> 行。……率性率字，固是工夫。然工夫即本體。故謂之道。無此工
> 夫，即本體不顯。是失其道。〔註12〕

有關「操存」一義見《孟子》：「存其心，養其性，所以事天也」（《孟子‧
盡心上》），朱注云：「存，謂操而不舍。養，謂順而不害事，則奉承而不違也」
〔註13〕，此注前兩句甚精確，因操存及順養正是吾人自覺實踐範圍內事，而
且要在日用之間不捨地實踐。熊十力先生特別指示「率性」有「即工夫即本
體」之意，這才是「修道之謂教」的根據。但最末一句單以奉承而不違解「事
天」，恐怕雜有「崇拜」、「祭求」的意味，故應採《易‧文言》中有關開展「九

〔註11〕楊祖漢：《中庸義理疏解》，（臺北：鵝湖出版社，1997年3月修訂3版），頁
　　　　106～108。
〔註12〕熊十力撰：《讀經示要》，頁30。
〔註13〕朱熹：《四書集註》，頁188。

五」的說法來配對，即：「夫大人者，與天地合其德，與日月合其明，與四時合其序，與鬼神合其吉凶。先天而天弗違，後天而奉天時……」，因其為大人，故從先天一層看，天不能違背他這個德性生命，但從後天一層看，大人因有形軀生命，故也要遵守自然的趨勢，在這裏才說「奉」較恰當，如此「道即性」才有機會成立。

當然，我們單從《中庸》首三句之脈絡來看「率性之謂道」一語，則《中庸》兼容天地萬物來說「率性」亦可。首先，「自然」亦有其「常」者，如《論語·陽貨》云：「天何言哉？四時行焉，百物生焉，天何言哉」的生生不息，又如《易傳》謂：「雲行雨施，品物流行，乾道變化，各正性命」之大化流行，都顯示其有一常規、常理在，當可說為「自然之常」，但絕非各品物的「自然之性」，「自然」在這層次而言，其本身就是「目的」，是一普遍必然之法則。至於吾人，則說「人性之常」，顯示人自身就是目的，而且是一終極目的。以上「自然之常」與「人性之常」乃是不相悖者，當我們說「率性之謂道」時，即視天地萬物均循一常規、常理而行，稱此為「道」。以上的理解，應該不違《中庸》的宗旨。

《中庸》對「天命之性」既有這麼圓熟的詮釋，除了在道德踐履上有一超越的根據——天命在貫注着，其實「修道之謂教」一句亦指示出一個方向。此句較之「天命之謂性，率性之謂道」，明顯看出是專就「人」來說。朱子注「修道之謂教」：「修，品節之也。性道雖同，而氣稟或異，故不能無過不及之差。聖人因人物之所當行者而品節之，以為法於天下，則謂之教，若禮樂刑政之屬是也。」〔註14〕單以「修，品節之也」一言，可以理解「道」非不圓熟待「人」去修，而是人有氣稟上的殊異，故「修」是屬「人」之事，聖人因人物之所當行者而品節，故成就「教」。要注意這道德踐履，是以一超越的根據去支持開展的，故「修道之謂教」後，《中庸》原文以「道也者，不可須臾離也，可離非道也」作小結。

楊祖漢先生對此小結有以下的說明：

> 道是一切存在物之存在之理，當然是一切存在物所不能離的，故道
> 也者不可須臾離也，不只是表示道不應離之意，而是說，一切存在
> 物是根本不能違離道的。……只要我們了解，中庸是以理想的合理
> 的世界為真實的世界，合理的存在為真實的存在，我們便會同意「道

〔註14〕朱熹：《四書集註》，頁1。

也者不可須臾離」這話。固然在現實上有離道的事物，有不合理的
存在，但那些都是不真實的，虛妄的存在。虛妄的存在，其實就是
不存在。故人若是悖道妄行，便會從存在變成不存在，如若子不孝
其父，則子便成為虛妄的存在，這樣子的沒有意義的存在，實如同
不存在。故人之違道，等於自我否定。〔註15〕

楊祖漢先生一語道破《中庸》以理想的合理的世界為真實的世界，如此
我們便可肯認「可離非道」，因為「道」靠人才能彰顯，故人道、天道不可分
割視之，而君子深明此理，故無時無刻不在用功中，即「戒慎乎其所不睹，恐
懼乎其所不聞」以免離道。宗周深得上義，故以「修此性而教立焉，性至此有
全能」為「天命之性」的最後註腳。

這個註腳包涵有以下幾個意思：性是一種踐德之「能」，這種性能由「心」、
「天」及「天命」來證成，即天命不已的實體內在於個體成個體之性，故「性」
是「全能」，這一說法是宗周首倡的，目的是凸出「性體」的先導地位。

牟宗三先生就「性能」曾作過一些規定，對了解宗周所言的「性之全能」
十分有幫助，牟宗三先生云：

> 普通說性，本有「性能」義。但「性能」一詞可以上下其講，有不
> 同之規定。如果是向下講，則「性能」是指氣性說，是物理的，即，
> 氣之凝聚而成此底子，此底子有發動種種徵象之能，故總曰性
> 能。……但「性能」一詞亦可向上講，即通于「於穆不已」之天命
> 道體講，此即成真實創造性這一創造實體。如果此一創造實體即為
> 吾人之性，則此性即有起道德創造之能，為一切道德創造之源，此
> 亦可綜曰性能。但此性能不是氣性的，不是物理的，乃是道德創造
> 的，是就「於穆不已」之道體說，是精神的，理性的，是以理說的
> 性能，但卻亦不只是理，乃是即活動即存有的，是即心、即神、即
> 理的。〔註16〕

牟宗三先生藉上下其講所劃分的兩種「性能」，正是判分朱子與宗周所言
之「性」的最好尺規。宗周借《中庸》首章所肯認的「天命之性」，正是通于
「於穆不已」之天命道體而言的「性」，此即理而言的「性」，其本質是能起道

〔註15〕楊祖漢：《中庸義理疏解》，頁111。
〔註16〕牟宗三：《心體與性體（二）》，（臺北：正中書局，1989年5月臺初版第8次
　　　　印行），頁286。

德創造，是一切道德創造之源。為了彰顯此「性之全能」義，宗周於〈學言〉有多個詮釋以示後學，包括：

> 《中庸》是有源頭學問，說本體先說箇「天命之性」，識得天命之性，則率性之道、修道之教在其中；說工夫只說箇「慎獨」，獨即中體，識得慎獨，則發皆中節，天地萬物在其中矣。〔註17〕

> 道不可離，若止言道耳，即睹聞時用工夫，已須臾無間斷矣。正為道本之天命之性，故君子就所睹而戒慎乎其所不睹，就所聞而恐懼乎其所不聞，直是時時與天命對越也。〔註18〕

> 性中有命，命中有天，天合道，道合教，教合天地萬物，是性之無盡藏處。〔註19〕

宗周所謂「《中庸》是有源頭學問」，意指定位「人之為人」的根源問題，即在《中庸》找答案，因它標示的是「天命之性」的「性體」，只要識得這個性體，則「道」及「教」可致，而「識得」的工夫正好落在「慎獨」處。《中庸》的「慎獨」與《大學》所言的「慎獨」同名異旨，《中庸》的「慎獨」以「中和」言之，是一個宗周非常重視的工夫範疇，此部分將於稍後解釋。

至於第二段引文，重點在「道本之天命之性」，所以君子戒慎恐懼，與天命對越。「對越」之意思是積極的，不是對抗，而是正視此超越之性體而作工夫。第三段引文正是「對越」之引申，知此「性體」涵蘊命、天、道、教及萬物，一層切一層，「性體」如此內藏奧秘，吾人需於此無盡藏處著手，亦即於源頭處作踐履。

第二節 「天」之尊

既重踐履，那麼這個「踐履」背後的根據——道，當然非仔細的疏解清楚不可，宗周於〈中庸首章說〉中，另有一段如下：

> 然則由教入道者，必自復性始矣。道不可離，性不可離也。君子求道於所性之中，直從耳目不交處，時致吾戒慎恐懼之功，而自此以

〔註17〕戴璉璋、吳光主編：《劉宗周全集（二）》，頁449。
〔註18〕戴璉璋、吳光主編：《劉宗周全集（二）》，頁460。
〔註19〕戴璉璋、吳光主編：《劉宗周全集（二）》，頁491。

往，有不待言者矣。「其」指此道而言，道所不睹不聞處，正獨知
之地也。「戒慎恐懼」四字下得十分鄭重，而實未嘗妄參意見於其
間。〔註20〕

「復性」是「由教入道」的實踐工夫，要完成這一種實踐工夫，「道」、「性」均不可離，離此亦只有寡頭的實踐而已，故君子「求道於所性」是有其嚴正性的。這種工夫源來有自，即孟子之言，孟子云：

君子所性，雖大行不加焉，雖窮居不損焉，分定故也。君子所性，
仁義禮智根於心。〔註21〕

孟子的意思十分清楚，君子所擁有之性是其「分定」，因此不論窮達皆無所損益，而這個「分定」之性就是「根於心」的仁義禮智，換言之，孟子以心善證性善，所謂「分定」之性，就是吾人內在的道德性。宗周應該是肯認了孟子這個「分定故也」的「性」，否則求道者不能稱為君子。

「直從耳目不交處，時致吾戒慎恐懼之功」的這種工夫，顯示耳目所觸及的經驗層的物事是牽帶不進來的，而「戒慎恐懼」是對應「獨體」所做的工夫。由於道的不睹不聞處是「獨知之地」，故「獨體」就是「道」，「道體」及「獨體」所顯的奧密，正是「天」所以尊的原因。

於〈中庸首章說〉有以下表述：

獨體惺惺，本無須臾之間，吾亦與之為閒而已。惟其本是惺惺也，
故一念未起之中，耳目有所不及加，而天下之可睹可聞者，即於此
而在。沖漠無眹之中，萬象森然已備也。故曰「莫見莫顯」。君子烏
得不戒慎恐懼、兢兢慎之，慎獨而見獨之妙焉。〔註22〕

「獨體惺惺」，宗周採「無間」去理解，在「一念未起之中，耳目有所不及加，而天下之可睹可聞者，即於此而在」一段話中，表示雖在「一念未起、耳目未加」的境況中，已一概涵有「天下之可睹可聞者」於其中，這同於「沖漠無眹之中，萬象森然已備」，亦同於「莫見莫顯」。以上諸說均顯示「獨體」之妙，推擴開去是天地萬事萬象，但同時又可收攝回來，而且是向內一層一層的密收，此義於《中庸》序言部分亦早有預示，而「退藏於密」亦是宗周所重之意，以下先引《中庸》序言云：

〔註20〕戴璉璋、吳光主編：《劉宗周全集（二）》，頁350～351。
〔註21〕朱熹：《四書集註》，頁194。
〔註22〕戴璉璋、吳光主編：《劉宗周全集（二）》，頁351。

> 子程子曰，不偏之謂中，不易之謂庸。中者，天下之正道，庸者，
> 天下之定理。此篇乃孔門傳授心法。子思恐其久而差也，故筆之於
> 書，以授孟子。其書始言一理，中散為萬事，末復合為一理，放之
> 則彌六合，卷之則退藏於密，其味無窮，皆實學也。……〔註23〕

《中庸》之「理」，是孔門心法，是天下之正道及定理，其內容是「始言一理，中散為萬事，末復合為一理」，故有「放之則彌六合，卷之則退藏於密」的特質。那麼這個「理」，與宗周所定之「獨體」無二，我們亦可以說，宗周所掌握的「天理」亦是天下之正道及定理，而他是以「獨體」的一種「退藏於密」的特質來通貫「道體」，這不悖《中庸》的原旨，以下一段宗周之言可證立之：

> ……合而觀之，溯道之所自來，既已通於天命之微；而極教之所由
> 致，又兼舉夫天地萬物之大。推之而不見其始，引之而不見其終，
> 體之動靜顯微之交而不見其有罅隙之可言，亦可謂奧衍神奇，極天
> 下之至妙者矣，而約其旨不過曰「慎獨」。獨之外，別無本體；慎獨
> 之外，別無工夫，此所以為《中庸》之道也。〔註24〕

以上一段，可證立「道體」之奧衍神奇，因道通於天命之微，它是不見始終、渾無罅隙者，吾人修此「道」就是「教」。盧雪崑先生在《儒家的心性學與道德形上學》中，對「天道」所彰顯的道德價值，曾作如此疏釋：

> 實質上，中庸自天道建立性體並非要營造一形而上之理論作為道德
> 價值的基礎，相反，中庸是要對一切存在作價值的說明。理由在：中
> 庸所言「天道」並非一思辨的對象，它是由人的道德創造的真性決定
> 的，它是生化不已的創造真幾。中庸言「率性之謂道」，即表示存在
> 的法則由道德法則決定，天道在人，即名為性。客觀地說的天道與主
> 觀地說的心性為一而非二。中庸言天道性命皆以道德為主。由此，吾
> 人肯認中庸乃先秦儒家充極發展而建立之道德的形而上學。〔註25〕

盧雪崑先生以上疏釋，正好點示出宗周並非先客觀地肯定一超越之實體，然後對道德價值作一存有論的說明，相反，他是藉《中庸》的「天命之性」，規定其為道德實踐的超越根據，「極教之所由致，又兼舉夫天地萬物之大」正

〔註23〕朱熹：《四書集註》，頁1。
〔註24〕戴璉璋、吳光主編：《劉宗周全集（二）》，頁352。
〔註25〕盧雪崑：《儒家的心性學與道德形上學》，頁142～143。

是「存在的法則由道德法則決定」的表徵,顯示宗周繼承了《中庸》對一切存在作價值說明的精神。

至於「獨之外,別無本體;慎獨之外,別無工夫」,可再透過宗周的其他散章斷語了解:

> 莫見乎隱,亦莫隱乎見;莫顯乎微,亦莫微乎顯,此之謂無隱見、無顯微。無隱見、顯微之謂獨,故君子慎之。
>
> 不睹不聞,天之命也;亦睹亦聞,性之率也;即睹即不睹,即聞即不聞,獨之體也。〔註26〕
>
> 愚按孔門之學,其精者見於《中庸》一書,而「慎獨」二字最為居要,即《太極圖說》之張本也。乃知聖賢千言萬語,說本體,說工夫,總不離「慎獨」二字。「獨」即天命之性所藏精處,而「慎獨」即盡性之學。〔註27〕

無隱見顯微;即睹即不睹,即聞即不聞,一概皆指示「獨體」,獨之外,別無本體,而「獨體惺惺」,沖漠無朕中萬象森然已備,故君子戒慎恐懼,以「慎獨」見證之,「慎獨之外,別無工夫」。鑑於「道所不睹不聞處,正獨知之地」〔參考註1〕,故「道體」之奧密,亦同在這無隱見顯微、即睹即不睹、即聞即不聞處表現。

宗周又以《中庸》之「慎獨」為周濂溪《太極圖說》之張本,肯定二者視「獨」為本體,亦為工夫。「『獨』即天命之性所藏精處,而『慎獨』即盡性之學」可算是宗周慎獨說的宗旨所在,尤以「獨」為「天命之性」的藏精處,獨體之惺惺即全數表現為「性體」之奧密。

宗周先設性天之尊,他藉「獨體」表彰「道體」與「性體」的奧密,而在「先設性天之尊」的前提下,宗周對「性體」作渾然一體之理解,與宋儒不盡相同,呈現一種「歸顯於密」的系統性格,以下一章即就此進行論述。

〔註26〕戴璉璋、吳光主編:《劉宗周全集(二)》,頁461。
〔註27〕戴璉璋、吳光主編:《劉宗周全集(二)》,頁301~302。

第五章 「性體」的渾然一體義

第一節 「性體」的未發、已發與中和

黃宗羲在〈子劉子行狀〉中，將宗周之學總括為四大綱領，茲錄如下：

> 先生宗旨為「慎獨」。始從主敬入門，中年專用慎獨工夫。慎則敬，
> 敬則誠。晚年愈精微，愈平實，本體只是些子，工夫只是些子，仍
> 不分此為本體，彼為工夫，亦並無這些子可指，合於無聲無臭之本
> 然。從嚴毅清苦之中，發為光風霽月，消息動靜，步步實歷而見。
> 故發先儒之所未發者，其大端有四：
> 一曰「靜存之外無動察」。……一曰「意為心之所存，非所發」。……
> 一曰「已發未發以表裏對待言，不以前後際言」。……一曰「太極為
> 萬物之總名」。……〔註1〕

有關宗周中年專用慎獨工夫，以「慎獨」為宗旨〔註2〕，只是分說其為學
的某一特定範疇而已，若與「誠意」之密教義割裂開來言宗周哲學，則單以
一端絕不能盡「歸顯於密」的特色。宗周「發先儒之所未發者」的第一、二
端，即是「誠意學」之精粹，已於本文第一至第三章略述。本章之工作乃集中

〔註1〕 戴璉璋、吳光主編：《劉宗周全集（五）》，〈子劉子行狀〉（臺北：中研院文哲
所，1996年），頁45～48。

〔註2〕 有學者曾據《劉宗周年譜》，按宗周年歲及該年所著文章，尋找「慎獨說」的
發展脈絡，指出宗周於四十八歲會講於解吟軒，算是首言慎獨之說，但上溯
宗周自三十七歲悟心後，已有伏筆言慎獨、言主敬主靜，有關資料可參考東
方朔著：《劉蕺山哲學研究》，〈第一章・四・蕺山思想之發展〉（上海：人民
出版社，1997年3月第1版），頁43～44。

討論第三、四項，即「性體」之已發、未發諸問題，以及「太極為萬物之總名」的意涵，由以上的討論，即可見宗周「仍不分此為本體，彼為工夫，亦並無這些子可指，合於無聲無臭之本然」的為學取向。

有關未發、已發，源自《中庸》首章：「喜怒哀樂之未發謂之中，發而皆中節謂之和」兩句，是備受宋明儒重視的一對相關觀點〔註3〕。以下即先以李延平之宗旨為例，審察宗周的立場：

> 喜怒哀樂之未發，謂之中，先儒教人看此氣象，正要人在慎獨上做
> 工夫，非想象恍惚而已。〔註4〕

宗周於上段引文提及之先儒乃李延平，他是朱子的老師，據牟宗三先生分析〈延平行狀〉中數句：「……危坐終日，以驗夫喜怒哀樂未發之前氣象為何如，而求所謂中者」〔註5〕，他有這樣的案語：

> 此步工夫函有一種「本體論的體證」，但卻是隔離的，超越的體證，
> 即暫時隔離一下（默坐、危坐）去作超越的體證。其如此所體證的
> 本體，就《中庸》「致中和」言，是「中」體。但中體是個形式字，
> 其所指之實即是「性體」。〔註6〕

宗周肯定李延平的求中於「喜怒哀樂之未發」〔先儒教人看此氣象〕，因「性體」須以體證的工夫趨向，不能單憑想象行事，故凸出「慎獨」之功，這是宗周發前賢之未發的一項。牟宗三先生言「中體」也是「性體」，正好說明宗周也深明《中庸》所言「喜怒哀樂之未發謂之中」與「天命之性」的內在關聯性。

又有以下一段：

> 延平教人看喜怒哀樂未發時作何氣象，此學問第一義工夫。未發時
> 有何氣象可觀？只是檢查自己病痛到極微密處，方知時雖未發，而
> 倚著之私，隱隱已伏；纔有倚著，便來橫決。若於此處查孜分明，
> 如貫風車輪，更無躲閃，則中體恍然在此。而已發之後，不待言矣。

〔註3〕有關從觀念史的角度了解宋明儒的「已發、未發」論，可參考林月惠：《劉蕺山「未發已發」——從「觀念史」的考察談起》，收入鍾彩鈞主編《劉蕺山學術思想論集》（臺北：中研院文哲所，1998 年 5 月），頁 286～295。
〔註4〕戴璉璋、吳光主編：《劉宗周全集（二）》，〈語類十二‧學言上〉（臺北：中研院文哲所，1996 年），頁 436。
〔註5〕牟宗三：《心體與性體（三）》（臺北：正中書局，1990 年 8 月初版第 9 次印行），頁 3。
〔註6〕牟宗三：《心體與性體（三）》，頁 4。

此之謂善觀氣象者。〔註7〕

以上乃宗周的透析語，進一步補充李延平之體證工夫，由「檢查自己病痛到極微密處」乃見密之又密的特徵，查攷此「極微密處」得分明，則「中體」恍然在此，亦即「性體」得彰，故工夫必須於未發前做才恰當。不過要注意的是：宗周並不以未發氣象與已發者相聯，因查攷分明後，已發者皆可中節，故「已發未發以表裏對待言，不以前後際言」，正是藉這種「檢查自己病痛」的體證工夫去證成。

宗周另有一說法略同於程伊川，云：

　　伊川謂不當于喜怒哀樂未發之前求中，正恐人滯在氣象上，將中字

　　作一物看，未便去做工夫。〔註8〕

宗周接納程伊川不當就喜怒哀樂未發之前求「中」這個觀點，原因是避免將「中」作一物看待，程伊川曾答蘇季明之問，云：

　　若言存養於喜怒哀樂未發之時則可，若言求中於喜怒哀樂未發之前

　　則不可。〔註9〕

以上話語表示程伊川雖肯定「喜怒哀樂未發之時」可言存養工夫，但反對於「喜怒哀樂未發之前」求「中」。這裏要辨清一個問題，就是程伊川對「中」與「性」之整體理解，極不同於宗周，程伊川在〈與呂與叔（大臨）論中書〉〔註10〕中有：「中即性也，此語極未安。中也者所以狀性之體段」數語，牟宗三先生於《心體與性體》一書中曾評價以上諸句云：

　　「中也者所以狀性之體段」，此語固不錯，然「狀詞」轉為名詞，即
　　指目「性」字，成實體字。如「誠」字之意為「真實無妄」，此本為
　　形容語句，然轉為名詞，即代表道體，成實體字，故云「誠體」。因
　　此，中亦曰「中體」，中即體也。此象山所謂實字也。象山云：「實
　　字則當論所指之實。論其所指之實，則有非字義所能拘者」。（見《與
　　朱子辨太極圖說》第二書）。「中即性」何以「極未安」？〔註11〕

〔註7〕戴璉璋、吳光主編：《劉宗周全集（二）》，頁438。

〔註8〕戴璉璋、吳光主編：《劉宗周全集（二）》，頁436～437。

〔註9〕〔宋〕程顥、程頤撰，潘富恩導讀：《二程遺書·伊川先生語四》（上海：上海古籍出版社，2000年12月），頁250。

〔註10〕此書不全，姑就牟宗三先生所擇錄內容作參考，詳見牟宗三：《心體與性體（二）》，（臺北：正中書局，1990年8月初版第9次印行），頁351～352。

〔註11〕牟宗三：《心體與性體（二）》，頁352。

　　以上牟宗三先生的評價指出，程伊川不以「中」為實體，亦不贊同「中即性」，這是不諦的理解。「中」為「中體」，亦通於「性體」，上一段引文：「中體恍然在此」的「中體」正是一實體，如此宗周絕不會如程伊川般視「中」只為一形容「性」之體段的形容詞。

　　既然如此，宗周即明說以「隱微」為「中」、「顯見」為「和」，云：

> 隱微者，未發之中；顯見者，已發之和。莫見乎隱，莫顯乎微，故為中，為天下之大本。慎獨之功全用之于立大本，而天下之達道行焉，此亦理之易明者也。〔註12〕

　　宗周據「天命之性」的本質：隱微、顯見來配對未發之中、已發之和，視此為天下之大本達道，這觀點需藉其他章節來說明，才能衡定箇中的義蘊，首先是宗周在〈學言上〉肯定「中」是「獨體」：

> 問：「中便是獨體否？」曰：「然，一獨耳。指其體謂之中，指其用謂之和。」〔註13〕

　　宗周以「中」便是「獨體」，是上接「善觀氣象」一段的意思而來，由「中體」表「未發前氣象」，進一步說此亦為「獨體」之內容，但以「體」「用」劃分「中」與「和」，與《中庸》的原意：「喜怒哀樂之未發謂之中，發而皆中節謂之和」亦不相悖。查究宗周之用意，實是凸出「獨體」，以顯「天命之性」的首出地位，茲再擇〈中庸首章說〉一段話印證之：

> 「喜怒哀樂之未發謂之中」，此獨體也，亦隱且微矣。及夫發皆中節，而中即是和，所謂「莫見乎隱、莫顯乎微」也。未發而常發，此獨之所以妙也。中為天下之大本，非即所謂「天命之性」乎？和為天下之達道，非即所謂「率性之道」乎？君子由慎獨以致吾中和，而天地萬物無所不本，無所不達矣。達於天地，天地有不位乎？達於萬物，萬物有不育乎？天地此中和，萬物此中和，吾心此中和，致則俱致，一體無閒，極之至於光岳效靈，百昌遂性，亦道中自有之徵應，得之所性固然，而非有待於外者。此修道之教所以為至也。〔註14〕

　　宗周以「喜怒哀樂之未發謂之中」配言「獨體」之隱微；以「發皆中節」

〔註12〕戴璉璋、吳光主編：《劉宗周全集（二）》，頁437。
〔註13〕戴璉璋、吳光主編：《劉宗周全集（二）》，頁466。
〔註14〕戴璉璋、吳光主編：《劉宗周全集（二）》，頁351～352。

表「中即是和」，配言「獨體」之見顯，而「獨體」之妙是「未發而常發」，換言之，宗周以體用無間來規定「獨體」，「中」即是「和」，「未發」即「常發」。宗周更進一步以此規定言「天命之性」、「率性之道」及「修道之教」。「中」為「天命之性」；和是「率性之道」；「慎獨」致吾之「中和」，而天地萬物皆以此為本，無所不達，故為「修道之教」。據宗周之意，性與道皆可通為一，而「慎獨」為終極之踐履工夫。

以上之說明，應該是宗周慎獨學之宗旨，也可說是最後之如如理境，不過，楊祖漢先生據《中庸》的原文，釐清「中體」與「情非發時的心境是不同層次的」，其論述如下：

> 喜怒哀樂之未發謂之中，似乎是說喜怒哀樂未發時的心便是中。但據下文「中也者天下之大本也」，可知中是超越的道體。而喜怒哀樂未發時的心，很可能只是未交接外物，情緒未被激發起來的渾然中性的心境，這心境並不就是道。情未發時的心境雖然平靜，但常會是邪暗鬱塞的，未必合於道，更不能說即是道本身。是以喜怒哀樂之未發句，是指點語，說在情緒未發時，人可體會到一超越的中體（道體）。而中體與情非發時的心境是不同層次的。這是從前面戒懼慎獨而說下來的。當人戒懼而慎獨時，道體性體便會炯然呈現。而這道體性體，當然便是天下之大本。〔註15〕

楊祖漢先生以「中」為超越的道體，在吾人喜怒哀樂未發時可體會之，不過此時之心境只可說是中性的，並不是道，而當吾人戒懼慎獨時，才顯道體，故喜怒哀樂之未發句，是指點語。觀乎宗周「未發而常發」一語，是以「發皆中節言中，而中即是和」為前提者，案此「中和」義，則「未發而常發」應指謂獨體之妙用，亦即性體之全能，這是「體」上的透徹詮釋，而楊祖漢先生則藉「用」顯「體」，分判清楚「中體」的「隱微」與「喜怒哀樂未發時的心境」乃不同者，後者雖是一渾然中性的心境，但有機會指向《禮記‧禮運》篇所言的「喜怒哀懼愛惡欲」七情處。

《禮記‧禮運》篇有云：

> 何謂人情？喜、怒、哀、懼、愛、惡、欲，七者弗學而能。何謂人義？父慈、子孝、兄良、弟弟、夫義、婦聽、長惠、幼順、君仁、

〔註15〕楊祖漢：《中庸義理疏解》，（臺北：鵝湖出版社，1997年3月修訂3版），頁115。

臣忠，十者謂之人義。講信脩睦，謂之人利。爭奪相殺，謂之人患。
故聖人之所以治人七情，脩十義，講信脩睦，尚辭讓，去爭奪，舍
禮何以治之？〔註16〕

就以上篇章提及之「七情」，與「十義」相對揚。「七情」弗學而能，顯示
一種與生俱來義，但其內容卻是感性層之事，此乃吾人之「感性情緒」，故聖
人倡議以「禮」對治人之「七情」，這與孟子云「人之所不學而能者，其良能
也，所不慮而知者，其良知也」（《孟子・盡心上》）明顯不同，孟子所言之「良
能」是道德踐履之先天根據，屬超越層。

宗周嚴分「喜怒哀樂」與七情，曾云：

喜怒哀樂，雖錯綜其文，實以氣序而言。至殽為七情，曰喜怒哀懼
愛惡欲，是性情之變，離乎天而出乎人者，故紛然錯出而不齊，所
謂感於物而動，性之欲也。七者合而言之，皆欲也。君子存理遏欲
之功，正用於此。若喜怒哀樂四者，其發與未發，更無人力可施也。
（後人解中和，誤認是七情，故經旨晦至今。）〔註17〕

《中庸》言喜怒哀樂，專指四德言，非以七情言也。喜，仁之德也；
怒，義之德也；樂，禮之德也；哀，智之德也。而其所謂中，即信
之德也。〔註18〕

以上兩段引文皆收於〈學言〉，宗周以「四氣」及「四德」言「喜怒哀樂」，
並指出後學混淆「中和」與「七情」，使《中庸》的經旨隱晦不明，這個觀點，
李明輝先生曾作出分析：

為了避免混淆，蕺山將喜怒哀樂稱為「四氣」或「四德」，而非「四
情」。他在此以「氣序」言喜怒哀樂。所謂「氣序」，即氣之感通的
歷程。依蕺山之見，四氣與七情有本質上的分別：前者出於天，非
「人力可施」；後者是「性情之變，離乎天而出乎人」，即由於外物
之誘而引發。換言之，喜怒哀樂即是性體本身，但就其活動（感通）
而言喜怒哀樂。〔註19〕

〔註16〕王文錦譯解：《禮記譯解》（北京：中華書局，2001年9月第1版），頁298
～299。

〔註17〕戴璉璋、吳光主編：《劉宗周全集（二）》，頁468～469。

〔註18〕戴璉璋、吳光主編：《劉宗周全集（二）》，頁488。

〔註19〕李明輝：《四端與七情——關於道德情感的比較哲學探討》（臺北：臺大出版
中心，2005年6月初版），頁145～146。

以「氣序」言喜怒哀樂，顯示「氣」之感通歷程，這個意思，應考之宗周如何借用《中庸》的「誠」來說「喜怒哀樂」才得確解，宗周云：

> 天命之性不可得而見，即就喜怒哀樂一氣流行之間而誠通誠復，有
> 所謂鬼神之德者言之德，即人心之德即天命之性，故不睹不聞之中
> 而莫見莫顯者存焉。〔註20〕

宗周以誠通誠復來言「喜怒哀樂」之一氣流行，並以見人心之德，亦即天命之性，故「人心之德」又即「性之德」，由這裏說「中」。宗周以「喜怒哀樂」配「仁義禮智」（即：「喜，仁之德也……哀，智之德也」），是希望借孟子「四端之心」之性善義來凸出「性體」的道德義，而這裏的「誠通誠復」即內涵一嚴整的道德意識，此可見於《中庸》第二十一章，即：

> 自誠明，謂之性；自明誠，謂之教。誠則明矣，明則誠矣。〔註21〕

《中庸》第二十一章之「自誠明，謂之性」與首章「天命之謂性」有不同的指涉。後者是將「性體」的客觀超越義凸出，而前者則指聖人自身的性體自然流露，有一明覺朗照（亦即「通體透明，無絲毫夾雜」之意），此明覺乃一真實無妄的實德，具創造性。朱注曰：「德無不實，而明無不照者，聖人之德，所性而有者也」，聖人之德乃所性而有，故是「誠」。至於「自明誠」一處，由吾人逆覺本身之明覺，乃一朗照之實德，於此逆覺處言教化，這是用修養工夫以復其性的一般進路，非指聖人之如如理境。宗周之意，應是借「誠則明矣，明則誠矣」為「誠通誠復」之能作註腳。

楊祖漢先生亦曾就「誠則明矣，明則誠矣」一語作分析，云：

> 「誠則明矣，明則誠矣」，是說本體與工夫的不離。誠體本身自然有
> 明覺，誠不只是理，而亦是神，亦是心，故自然有覺，自然有明，
> 明是體的自然往外通，自然呈現。而以工夫求復其性之「誠之」的
> 工夫，亦是誠體之明的呈現，不然的話，人是不能夠明察天理人欲
> 之私，亦不能知善惡是非的，因無有孤懸而無體之用也。故誠與明，
> 本是一體的。……〔註22〕

按宗周定義，由鬼神之德言之德，實以象徵化之詞表「天命之性不可得而見」，而以誠通誠復（即「誠則明矣，明則誠矣」之功）表「不睹不聞之中

〔註20〕戴璉璋、吳光主編：《劉宗周全集（二）》，頁543。
〔註21〕朱熹：《四書集註》，〈中庸〉（香港：太平書局，1982年），頁20。
〔註22〕楊祖漢：《中庸義理疏解》，頁203。

而莫見莫顯」所存的「人心之德」，故此，「人心之德即天命之性」乃可證立。

宗周為了凸出「人心之德即天命之性」之「性體」道德義，從「四時」之不虞缺而判言「喜怒哀樂」之未發、已發，於〈聖學宗要〉云：

> 獨中具有喜怒哀樂，四者即仁義禮智之別名。在天為春夏秋冬，在人為喜怒哀樂，分明一氣之通復，無少差別。天無無春夏秋冬之時，故人無無喜怒哀樂之時，而終不得以寂然不動者為未發，以感遂通者為已發，可知也。〔註23〕

以上一段以「仁義禮智」為「喜怒哀樂」之別名，是想點示出「喜怒哀樂」如天地之四時，其流行不息（即：「一氣之通復」）之「理」乃本具者，在吾人而言，即孟子所倡的「仁義禮智根於心」的「性」，故此，無論處於「寂然不動」或「感而遂通」時，此「性」皆不得單以未發或已發來表述。宗周據此規定，於〈學言中〉再云：

> 天有四德，運為春夏秋冬四時，而四時之變，又有風雨露雷以效其用，謂風雨露雷即春夏秋冬，非也。人有四德，運為喜怒哀樂四氣，而四氣之變又有笑啼呬嚏以效其情。謂笑啼呬嚏即喜怒哀樂，非也。故天有無風雨露雷之日，而決無無春夏秋冬之時；人有無笑啼呬嚏之日，而決無無喜怒哀樂之時，知此可知未發已發之說矣。〔註24〕

以上一段是宗周進一步據「天之四德」的「運變」及其「用」，說明「人之四德」亦有其變用，此等變用乃以「喜怒哀樂」四氣及「笑啼呬嚏」四情表之。基於宗周視「喜怒哀樂」為「仁義禮智」，具德性義，故「氣」在此段話語中屬超越層，而不是大化流行境中的自然氣化之事，而「情」在這裏擔當一種「具體表現」的角色，但亦不必看作是在經驗界之具象，而是說：有是「氣」即有是「情」之表現，故宗周概言：「人有無笑啼呬嚏之日，而決無無喜怒哀樂之時」。唐君毅先生對宗周如此獨特處理「氣」這個概念，有點題的意見如下：

> 對此心之純情自感之周而復始之運，蕺山謂即四氣之運。于此所謂氣上言者，必須高看。此氣之義，唯可說為此心之存在的流行，或流行的存在。此流行的存在，依喜怒哀樂以自為春夏秋冬，而能自相感，故自有情，亦當名之曰情。常言之情，固有依感而起之義也。「心之流行的存在」之流行，其始而終、終而始，即此氣之理，亦

〔註23〕戴璉璋、吳光主編：《劉宗周全集（二）》，頁302。
〔註24〕戴璉璋、吳光主編：《劉宗周全集（二）》，頁495。

此情之性。此理、此性非他，即此心之「始之向終，終則有始」之理、此心之由元而亨而利而貞之理，亦如四時之春去夏來秋復冬，即天之四時之理也。理非他，承先之氣以啟後之氣，即理。性非他，承此心之先之純情，以啟其後之純情、即性。所謂心者，即統此理氣性情而言之者也。……〔註25〕

唐君毅先生規定此「情」為一純然的自感，隸屬於「心」，此「情」週而復始的運行，即宗周所言的「四氣」的周流。唐君毅先生提出必須高看此「氣」，定義為「心之存在的流行」，這個觀點透出幾個重要的訊息，首先是以「心」來統「情」，「心」採道德本心的意思，如此「情」不下墮，不是廣義的、依感而起的情緒，而是「純然的自感」〔案此「自感」仍可向外通，因「心」可流行發用〕；其次，以「心」的「流行的存在」義，依「喜怒哀樂」配言春夏秋冬、元亨利貞等大氣流行境，如此「氣」才有「流行的存在」義；最後，是說明此「流行」乃「始之向終，終則有始」之理，即「天生烝民，有物有則」（《詩經》）的那個「則」，同時也是生生不息者。據此而言，則心統理氣性情可成立，而「氣」也不下陷於經驗義，以下即就〈學言下〉一段話，見宗周所規定的心、性、情三者的關係：

孟子曰：「乃若其情，則可以為善矣。」何故避性字不言？只為性不可指言也。蓋曰吾就性中之情蘊而言，分明見得是善。今即如此解，尚失孟子本色；況可云以情驗性乎？何言乎情之善也？孟子言這簡惻隱心就是仁，何善如之？仁義禮智，皆生而有之，所謂性也，乃所以為善也。指情言性，非因情見性也；即心言性，非離心言善也。後之解者曰：因所發之情而見所存之性，因以情之善而見所性之善，豈不毫釐而千里乎？〔註26〕

從上段引文可見，宗周以孟子的「乃若其情」中的「實情」為此「純然的自感」的本質內容〔案孟子所指的「情」是人之為人的實情〔註27〕，整句意思是：人就着其為人的實情，是可以為善的。〕宗周清楚的指出：「性」不可指言，就算「情」蘊於性，分明是「善」者，亦不能以文字下定義或找一具象

〔註25〕唐君毅：《中國哲學原論原教篇（下）》（香港：新亞研究所，1977 年 5 月修訂再版），頁 479。

〔註26〕戴璉璋、吳光主編：《劉宗周全集（二）》，頁 549。

〔註27〕此處詳析可參考牟宗三：《圓善論》，（臺北：學生書局，1985 年 7 月初版），頁 22～23。

指涉，我們即就人皆生而有之的「仁義禮智」去了解吾人的「性」便是，這就是宗周所執持的「天命之性」了。因此，宗周特許「指情言性」，意謂由這「純然的自感」處，便能指涉出「天命之性」，正如「即心言性」方可言善，而不是先因着這個「情」之善而推斷「性」亦善。前者的說法是由「性」見「情」，「性」是首出者；後者則「性」落後着，如此「情」無定盤針，極有可能由「情變」之「七情」見性，此「性」不可謂「天命之性」，這有違宗周的旨意，所以他著力批評後之解者「因所發之情而見所存之性」，並質疑「以情之善而見所性之善」是差之毫釐、謬之千里的誤解。至於「即心言性」而顯善，這才是孟子以心善證性善的推展，當中「心」「性」所帶出的形著關係，是宗周哲學的一大特色，故將於下章專題探討。

宗周既容許「指情言性」，則可確立以下判語，云：

> 凡所云性，只是心之性，決不得心與性對；所云情，可云性之情，
> 決不得性與情對。〔註28〕

宗周提出的判語：性，只是心之性；情，亦是性之情，如此理解，才能確保「天命之性」的優越地位。其實，宗周這個判語正是對應朱子言「心統性情」而來，以下茲先述朱子兩則話語之意思再行解釋，云：

> 朱子曰：「心統性情。」統，猶兼也。問：「心統性情。」曰：性者，
> 理也。性是體，情是用。性情皆出於心，故心能統之。統如統兵之統，
> 言有以主之也。且如仁義禮智，是性也。孟子曰：「仁義禮智根於心。」
> 惻隱羞惡辭遜是非，本是情也。孟子曰：「惻隱之心，羞惡之心，辭
> 遜之心，是非之心。」以此言之，則見得心可以統性情。一心之中
> 自有動靜。靜者性也。動者情也。〔註29〕

> 先生取近思錄，指橫渠「心統性情」之語以示學者。力行問曰：心
> 之未發，則屬乎性。既發，則情也。曰：是此意。因再指伊川之言
> 曰：「心，一也。有指體而言者，有指用而言者。」〔註30〕

按上列兩段引文，是朱子解張橫渠之「心統性情者也」〔註31〕一語之內容，朱子的觀點是肯定：心之未發是性，既發是情，他並再借程伊川之意，以

〔註28〕 戴璉璋、吳光主編：《劉宗周全集（二）》，頁549。
〔註29〕 陳榮捷：《近思錄詳註集評》（臺北：臺灣學生書局，1992年初版），頁62。
〔註30〕 陳榮捷：《近思錄詳註集評》，頁63。
〔註31〕 「心統性情者也」源自橫渠語錄，有關來處可參考陳榮捷：《近思錄詳註集評》，頁62。

「體」「用」兩層來說「心」。有關程伊川之意思在此處暫不論，而朱子的立場則很清楚，就是以「心」為主，兼統性情，「性」與「情」分站不同層次，前者為「理」、亦即「體」，後者是純「用」。若採宗周的角度，朱子這種理解是分割了「心」與「性」為二物，就算規定「性」為「體」，亦不能避開「性」遞屬於「心」的下場，這不合儒家「心即性」的大原則。至於朱子視「惻隱羞惡辭遜是非」等為「情」，更顯「性」、「情」二分，此違背孟子之原意，蓋孟子是以「四端」為「心」〔即「性」〕的本質內容，「惻隱羞惡辭遜是非」即是「仁義禮智」，不可以「體」、「用」來劃分，故到最後以「動」、「靜」配言「情」及「性」也是不諦當之詞。至於宗周，當然有討論「性體」之「動」、「靜」問題，這留待下一分節再詳述。

總結宗周的「心之性，性之情」這觀點，心、性、情三者也是一，根據據唐君毅先生需高看「氣」這個觀點，宗周所肯定之「情」，也應被高看了。要探究宗周對「情」之看法，可於〈商疑十則，答史子復〉中再找線索，宗周云：

> ……七情之說，始見漢儒《戴記》中，曰：「喜怒哀懼愛惡欲」，七字不倫不理，其義頗該之《大學》正、修兩傳中。然《大學》亦絕不露出「情」字。古人言情者，曰『利貞者，性情也』，即性言情。『六爻發揮，旁通情也』；『乃若其情』；『無情者不得盡其辭』；『如得其情』；皆指情蘊情實而言，即情即性也。並未嘗以已發為情，與性字對也。『乃若其情』者，惻隱、羞惡、辭讓、是非之心是也。孟子言這惻隱心就是仁，非因惻隱之發見所存之仁也，後人往往錯會。……〔註32〕

以上宗周答史子復有關「情」之疑，一開始已斷定七情不倫不理，他參考《大學》的「正心修身」與「修身齊家」兩傳，發現如：「忿懥、恐懼、好樂、憂患」〔註33〕及「親愛、賤惡、哀矜、敖惰」〔註34〕等概念，但不以「情」來表述，故宗周規範「情」乃「即性言情」下之情蘊、情實，並據《周易》之「利貞」、「六爻」，以及孟子之「乃若其情」等等來證之，宗周的宗旨是不以已發、未發來說情及性，而是即情即性，情、性通而為一，在這裏說「性體」

〔註32〕戴璉璋、吳光主編：《劉宗周全集（二）》，頁407。
〔註33〕朱熹：《四書集註》，頁7。
〔註34〕朱熹：《四書集註》，頁8。

的渾然一體義。尤其是宗周再分析孟子之主張：「孟子言這惻隱心就是仁，非因惻隱之發見所存之仁」，他不以所發證所存，蓋掌握了「心即性」、「性即情」這個理，足見其批評「心統性情」之論據是確當的。

前文曾提及宗周發先儒之所未發者的其中一端，即：「已發未發以表裏對待言，不以前後際言」，如果套用上述「性即情」這個觀點，則「情」當是「表」，而「性」是「裏」了，這個意思見於宗周的〈讀易圖說〉：

> ……天有四時，春夏為陽，秋冬為陰，中氣行焉；地有四方，南北為經，東西為緯，中央建焉；人有四氣，喜怒哀樂，中和出焉。其德則謂之仁義禮智信是也。是故元亨利貞，即春夏秋冬之表義，非元亨利貞生春夏秋冬也。左右前後，即東西南北之表義，非左右前後生東西南北也。仁義禮智，即喜怒哀樂之表義，非仁義禮智生喜怒哀樂也。又非仁義禮智為性，喜怒哀樂為情也。又非未發為性，已發為情也。〔註35〕

宗周以三聯：天有四時、地有四方以及人有四氣作譬喻，以「春夏秋冬」四時運行，是「元亨利貞」的「表義」，意即「春夏秋冬」是用來表示「元亨利貞」發為具體表現時的稱謂，二者同為一事；「左右前後」四個向度，是「東南西北」表現為具體方位時的名稱，二者亦同為一物；進一步說明「喜怒哀樂」是「仁義禮智信」〔註36〕的具體表現，而不是在「喜怒哀樂」之前，先有「仁義禮智」在，故斷言：非仁義禮智生喜怒哀樂也，此處並無「生發」義。宗周又反對以「仁義禮智為性，喜怒哀樂為情」，或以「未發為性，已發為情」，由於「表」「裏」乃相關互屬的一組名詞，因此，在這裏我們既以「喜怒哀樂」為「表」，便可推論宗周視「仁義禮智」為「裏」，符合了「已發未發以表裏對待言，不以前後際言」的立場。

換句話說，在「性」與「情」的關係中，可概言「性」為裏，「情」為表，這使用同於宗周在〈易衍〉中言：「喜怒哀樂即仁義禮智之別名」〔註37〕的「別名」義，視「喜怒哀樂」和「仁義禮智」為同一者。

至於從高一層看的「氣」，換另一角度來分析，的確替宗周解決了部分有

〔註35〕戴璉璋、吳光主編：《劉宗周全集（二）》，頁154。
〔註36〕案此處可剔除「信」，因下接文句只「仁義禮智」四字，兩者均指涉「喜怒哀樂」四德，相關之言可參考戴璉璋、吳光主編：《劉宗周全集（二）》，頁538。
〔註37〕戴璉璋、吳光主編：《劉宗周全集（二）》，頁160。

關「性體」的已發、未發等問題，他於〈學言〉中另有幾處言「中氣」，云：

　　……乃四時之氣所以循環而不窮者，獨賴有中氣存乎其間而發之，即謂之太和元氣，是以謂之中，謂之和；于所性為信，于心為真實無妄心，于天道為乾元亨利貞，而于時為四季。自喜怒哀樂存諸中而言，謂之中，不必其未發之前別有氣象也，即天道之元亨利貞運於穆者是也；自喜怒哀樂發于外而言，謂之和，不必其已發之時又有氣象也，即天道之元亨利貞呈于化育者是也。惟存發總是一機，故中和渾是一性。〔註38〕

　　喜怒哀樂，當其未發，只是一箇中氣，言不毗於陽，不毗於陰也。如天之四氣，雖有寒燠溫涼之不齊，而中氣未嘗不流行於其間，所以能變化無窮。此中氣在五行，即謂之土，土方位居中是也，和即中之別名。〔註39〕

　　喜怒哀樂，一氣流行，而四者實與時為禪代。如春過了夏，秋過了冬，冬又春，卻時時保箇中氣，與時偕行，故謂之時中。此非慎獨之至者，不足以語此，故與小人之無忌憚相反。〔註40〕

　　首段引文之總結語為：存發一機、中和一性，這種「通而為一」的取向，宗周先以循環不息的四時之氣，證「中氣」之存、之發；又再據《易‧乾‧彖傳》：「乾道變化，各正性命。保合太和，乃利貞」之義，規定此「中氣」即太和元氣，故言此為「中」，為「和」，並配言性、心和天道。在這裏要詮釋宗周言「于所性為信」諸句，他是以「性」之實存〔案此同於「情」乃「實情」義〕言「仁義禮智信」的實義，故「心」可言「真實無妄心」，而「天道」即《易‧乾》的卦辭：「元、亨、利、貞」，而時序即四季，以上諸實義均示「中氣」，即「太和元氣」。

　　據牟宗三先生的意見，有關「乾道變化……」之義，可作如此理解：

　　「乾道變化」一句中「變化」一詞不是描述語，不是天道的一個謂詞。「變化」是陽氣之六位反映到乾道上面而說「乾道變化」，事實上還是氣在變化。那麼，你可以說「六位時成」這個氣的變化就象徵著道的創造性，象徵著乾元之道的創道性，而不是象徵道的變

〔註38〕戴璉璋、吳光主編：《劉宗周全集（二）》，頁489。
〔註39〕戴璉璋、吳光主編：《劉宗周全集（二）》，頁465～466。
〔註40〕戴璉璋、吳光主編：《劉宗周全集（二）》，頁540。

化……故曰：「乾道變化，各正性命。」「正」是動詞，主詞省略了，這句的主詞是「萬物」，意即：在這個變化的過程中萬物分別地皆得以正其性命。

……「各正性命」接下去就說「保合太和，乃利貞。」，「各正性命」通過保合太和達至「利貞」。「各正性命」是成其萬物，每一個東西都得其成，所成萬物一定要保持相互之間的合作，這就是「保合」，不要衝突。然後提高一層才能達至「太和」。太，大也，至也。和，和諧也。乃，至於，達到。到「保合太和」的時候才有一種結果，才能講「利貞」，就在「保合太和」這個層次上講「利貞」這兩個字。〔註41〕

按牟宗三先生解釋，在變化的過程中，萬物分別地皆得以正其性命，由此達致「保合太和」的境地，最後才得以貞定。如此說，則「太和元氣」所表示的「中」、「和」，均是利貞的前提。宗周即以「喜怒哀樂」的「存諸中」及「發于外」通於元亨利貞的「運於穆者」及「呈于化育者」，由於「運於穆者」及「呈于化育者」均由元亨利貞而來，藉此說明「存諸中」及「發于外」無異，以明「喜怒哀樂」的未發氣象即已發氣象。

至於第二段引文中所指：「喜怒哀樂，當其未發，只是一箇中氣」，這個「中氣」雖是未發，但有變化之能，就如天之四氣般變化無窮。此段內容中值得商榷者，是宗周以「中」配言五行之「土」位，以「土」居中而說「和」即「中」之別名。案這觀點於「中」、「和」之分析而言並無實義，反之，於第三段引文所提之「喜怒哀樂，一氣流行」，以此「中氣」為「時中」，以明「中氣」與四時偕行，同於「先天而天弗違」者，較為如理。

又惟「慎獨」者能保「中氣」，小人難達致，由此說「慎獨」之功，亦是循理之言。

以上有關「未發」及「已發」之分疏，是就「喜怒哀樂」而言，而不是「仁義禮智」，宗周則再明言「喜怒哀樂之未發，則仁義禮智之性也」，以釐清「性體」之中、和問題，云：

孟子以惻隱、羞惡、辭讓、是非之心，徵性之善，猶曰：「有心善，有心不善。」故曰：「有性善與不善。」惟《中庸》以喜怒哀樂言之，

〔註41〕牟宗三主講，盧雪崑錄音整理：《周易哲學演講錄》（臺北：聯經，2003 年 3 月初版第 3 刷），頁 32～33。

人孰無喜怒哀樂者？當其未發謂之中，及其已發謂之和，乃所以為善也。惻隱之心，喜之發也；羞惡之心，怒之發也；辭讓之心，樂之發也；是非之心，哀之發也。喜怒哀樂之未發，則仁義禮智之性也。〔註42〕

惻隱，心動貌，即性之生機，故屬喜，非哀傷也。辭讓，心秩貌，即性之長機，故屬樂，非嚴肅也。羞惡，心克貌，即性之收機，故屬怒，非奮發也。是非，心湛貌，即性之藏機，故屬哀，非分辨也。又四德相為表裏，生中有克，克中有生，發中有藏，藏中有發。〔註43〕

　　上述兩段引文同出於〈學言中〉，首段以有人批評孟子藉四端之心徵性善〔註44〕，評者採用「有心善，有心不善」等觀點，引申出「有性善與不善」諸結論，因此宗周拈出人人皆有之「喜怒哀樂」來標示四端之心。宗周以「喜怒哀樂」未發為「中」，其已發為「和」，由於「喜怒哀樂」已發即透顯四端之心，如惻隱之心是「喜之發」，故能言「喜怒哀樂」未發時是「中」，亦即是「仁義禮智」之「性」，得出「乃所以為善」的結語。

　　宗周進一步借第二段引文說明「喜怒哀樂」為四德、為「仁義禮智」之「性」。他以「惻隱」為心動貌，是「心」因感而動的一種呈現，規定此為「性之生機」，是喜之發，並不是哀傷，其餘「辭讓」、「羞惡」及「是非」諸端，皆比配「心」與「性」來說其生、克、發與藏。以上的說明不能歸入邏輯分析一類，而是透過類比方式去指涉一些概念的本質內容。宗周如此曲折地去說一些正面表詮的話語，是希望建立「四德」的相為表裏的關係，即：生中有克，克中有生，發中有藏，藏中有發，這種表述，與「存發總是一機，中和渾是一性」意同，而這「渾然一體」義正是宗周借《中庸》之「天命之性」所極言者。

　　由以下一段，可證宗周視「中體」為「性體」，彰顯「渾然一體」義：

分喜怒哀樂，各有中體；合喜怒哀樂，共見中體。中本是實落性體，為一部《中庸》權輿，而後人卻以氣象求之，不免失之恍惚。只為將喜怒哀樂四字看錯，遂謂有中和之中，又有中庸之中。又曰：「中

〔註42〕戴璉璋、吳光主編：《劉宗周全集（二）》，頁486。
〔註43〕戴璉璋、吳光主編：《劉宗周全集（二）》，頁496。
〔註44〕有關孟子此推論之詳解，可參考牟宗三：《圓善論》，頁20～27。

　　和之中，實兼中庸。」總屬葛藤。〔註45〕

　　宗周肯定《中庸》之「中」是實落「性體」，若分言喜怒哀樂諸四德，各顯「中」，即顯「和」，又合觀喜怒哀樂，亦顯「中」、「和」，故說各有「中體」時亦可同時共見之。宗周批評以氣象之已發、未發來求「中」是失之恍惚，即無所實據，因此有人誤解「喜怒哀樂」，錯判有中和之「中」，另又有中庸之「中」，至於「中和之中，實兼中庸」也是贅詞，宗周斷定二者實二而一，一而二，這正是「性體」之「渾然一體」義的表彰。

　　最後，能達此「中體」者，又非「慎獨」工夫莫屬，由此再言「歸顯於密」的特色：

> 隱微者，未發之中；顯見者，已發之和。莫見乎隱，莫顯乎微。故中為天下之大本，慎獨工夫全用之，以立大本，而天下之達道行焉。然解者必以慎獨為致知工夫，不知發處又如何用功。「率性之謂道」，率又如何用功。若此處稍著一分意思，便全屬人偽。非徒無益，而又害之矣。小人閒居為不善，正犯此病症來。〔註46〕

> 如內有陽舒之心，為喜為樂，外即有陽舒之色，動作態度，無不陽舒者。內有陰慘之心，為怒為哀，外即有陰慘之色，動作態度，無不陰慘者。推之一動一靜，一語一默，莫不皆然。此獨體之妙，所以即隱即見，即微即顯，而慎獨之學，即中和即位育，此千聖學脈也。自喜怒哀樂之說不明於後世，而性學晦矣。千載以下，特為拈出。〔註47〕

　　宗周既定「中和渾是一性」，則隱微顯見均為「中」「和」之事，而判分「隱微者，未發之中；顯見者，已發之和」，是想透過「中」隱微的「奧密」，言「慎獨」工夫，以確立天下之大本。宗周並批評以「致知」〔案此處之「致知」應是朱子「格物致知」的意思〕工夫取代「慎獨」，正是那些不知「喜怒哀樂」發用處之人的毛病，他們正是需如何「率」性之道亦不諦，宗周斷此不締純由閒居之小人而來，故於〈人譜〉內具體說：「凜閒居以體獨」諸實踐工夫以正視聽。

　　第二段引文可概括為此分節之總結，宗周具體地以陽舒、陰慘為例，言

〔註45〕戴璉璋、吳光主編：《劉宗周全集（二）》，頁538。
〔註46〕戴璉璋、吳光主編：《劉宗周全集（二）》，頁538。
〔註47〕戴璉璋、吳光主編：《劉宗周全集（二）》，頁489～490。

吾人內有此心此感，外即有此色此態，此「表」、「裏」關係推展到動靜、語默亦可作如是觀。由此總攬「獨體」之妙：即隱即見，即微即顯，即中和即位育，如此說「性體」為渾然一體者，可謂宗周之特色。

最後，茲錄宗周於〈聖學宗要〉一段話作「中和」問題的小結，云：

> 總之，諸儒之學，行到山窮水盡，同歸一路，自有不言而契之妙，但恐《中庸》之教不明，將使學慎獨者以把捉意見為工夫，而不覯性天之體，因使求中者以揣摩氣象為極則，而反墮虛空之病，既置獨於中之下，又拒中于和之前，紛紛決裂，幾於無所適從，而聖學遂為絕德。故雖以朱子之精微而層析，且費辛勤；以文成之易簡而辨難不遺餘力，況後之學聖人者乎？〔註48〕

宗周勉言學者要把握「性天」之體，才能「慎獨」，就揣摩氣象來求中，只會墮入虛空，至於置「獨體」在「中」之下，或拒絕在「和」之前言「中體」，都會造成決裂，使聖學流失其道德意義，宗周感歎朱子、王陽明皆未能極成《中庸》之教，更何況後學？這是一位儒者的肺腑之言。

第二節 「性體」的動靜一源

本文曾引錄宗周於〈學言上〉之言云：

> 動中有靜，靜中有動者，天理之所以妙合而無閒也。靜以宰動，動復歸靜者，人心之所以有主而常一也。故天理無動無靜，而人心惟以靜為主，以靜為主則時靜而靜，時動而動，即靜即動，無靜無動，君子盡性至命之極則也。〔註49〕

以上一段所示之「人心以靜為主」，顯示「心」有主而常一，是君子盡性至命之極則。何以宗周標示「靜」為君子盡性至命之極則？此意應源自周濂溪《太極圖說》中一節，云：

> ……聖人定之以中正仁義，而主靜，立人極焉。故聖人與天地合其德，日月合其明，四時合其序，鬼神合其吉凶。〔註50〕

宗周於〈聖學宗要〉註以上周濂溪之言曰：

〔註48〕戴璉璋、吳光主編：《劉宗周全集（二）》，頁303。

〔註49〕戴璉璋、吳光主編：《劉宗周全集（二）》，頁442～443。

〔註50〕〔宋〕周敦頤撰，徐洪興導讀：《周子通書》，〈太極圖說〉（上海：上海古籍出版社，2000年12月第1版），頁48。

> 惟聖人深悟無極之理，而得其所為靜者主，乃在中正仁義之間，循
> 理為靜是也。天地此太極，聖人此太極，彼此不相假而若合符節，
> 故曰合德。〔註51〕

宗周以聖人為深悟「無極」之理者，在中正仁義之間循理而行，得出以「靜」為「主」，由此天地與聖人若合符節。這個意思，亦兩見於〈學言上〉，云：

> 聖學之要，只在慎獨。獨者，靜之神，動之機也。動而無妄曰靜，
> 慎之至也。是謂主靜立極。〔註52〕

> 或曰：「周子既以太極之動靜生陰陽，而至於聖人立極處，偏著一靜
> 字，何也？」曰：「循理為靜，非動靜對待之靜。」〔註53〕

從「動而無妄曰靜」，可見動、靜無間，與前引「動中有靜，靜中有動者，天理之所以妙合而無閒」意同。天理無動無靜，以見此妙合；而人心則是時靜而靜，時動而動，即靜即動，無靜無動。「無動無靜」與「無靜無動」所指相同，即「動靜一也」之意。因「天理」與「人心」皆與吾人「天命之性」相通，由此宗周可斷言「性體」之動靜一源義，其同一源來自「獨體」，宗周以「獨」為「靜之神，動之機」，此「神」與「機」才是「性體」之動靜真諦，所以說「循理為靜」，「理」在動靜一源處見，而不是動靜對待之靜處顯，由此亦可見宗周以「慎獨」收納周濂溪之「主靜立極」的意圖。不過，宗周所言之「主靜立極」，並不違背周濂溪的宗旨，他曾作總結語如下：

> 周子之學，以誠為本，從寂然不動中抉誠之本，故曰：「主靜立極。」
> 本立而道生，千變萬化皆從此出。化吉凶悔吝之途，而返復其至善
> 之體，是主靜真得力處。靜妙於動，動即是靜。無靜無動，神也，
> 一之至也，天之道也。嗚呼！至矣。〔註54〕

案周濂溪所著之《通書》第一至五條〔註55〕，均示「誠體」〔至善之體〕之神感神應，宗周以第四條：「寂然不動者，誠也。感而遂通者，神也。動而未形，有無之間者，幾也。……」（《通書·聖第四》）言「主靜立極」，即表示「靜」涵「寂然不動，感而遂通」之意，故此「靜」不是動靜之靜可知，而千變萬化皆從此出。宗周推崇周濂溪之「靜」，是希望確立「靜妙於動，動即是

〔註51〕戴璉璋、吳光主編：《劉宗周全集（二）》，頁268～269。
〔註52〕戴璉璋、吳光主編：《劉宗周全集（二）》，頁424。
〔註53〕戴璉璋、吳光主編：《劉宗周全集（二）》，頁471。
〔註54〕戴璉璋、吳光主編：《劉宗周全集（二）》，頁428。
〔註55〕〔宋〕周敦頤撰，徐洪興導讀：《周子通書》，頁31～33。

靜。無靜無動」這個大原則，申言此為「神」、「一」及「天之道」。

宗周據以上大原則，再審察「喜怒哀樂」四德之已發、未發，以便釐清「性體」的動靜問題，試看以下一段：

> 心體本無動靜，動靜者，所乘之機也。有謂喜怒哀樂未感時屬靜，既感時屬動。靜焉而喜怒哀樂藏於無形謂之中，動焉而喜怒哀樂顯於有象謂之和，則心體分明有動靜可言矣。獨蘇季明與伊州論已未發，以為動見天地之心，不敢徑下箇靜字，可謂千古卓見。

> 然則未發動乎？已發靜乎？亦非也。心體本無動靜，性體亦本無動靜，既以未發為性，已發為情，尤屬後人附會。（……新本「亦非也」下云：「發與未發，只是一箇。時時發，時時未發，正是陰陽互藏其宅，通復互為其根。後人執名相以疏動靜，烏識心體本然之妙乎？」……）〔註56〕

以上內容，可分為兩個向度去理解，首先是宗周所反對者，包括：喜怒哀樂未感時屬靜，既感時屬動；或以「未發」為動，「已發」為靜；或以「未發」為性，「已發」為情等。其次，是宗周所肯認的觀點，即：心體與性體均「本無動靜」，所謂「動靜」是所乘之機，所以宗周舉出蘇季明與伊州論已未發這個例子，認為他們以「動」見天地之心，卻不妄下「靜」字是千古卓見。最後，括號內所列，是其中一新本加添的內容，正好用來說明宗周所持之論據，云：「發與未發，只是一箇。時時發，時時未發，正是陰陽互藏其宅，通復互為其根」，「發與未發」既為一，則無定時、無定事可言「發與未發」，宗周即以「陰陽互藏其宅，通復互為其根」作比喻，以明心體本然之妙。

憑藉以上引文的內容，我們很清楚知道宗周規定「動靜」是所乘之機，這處的意思亦同於前述：「獨者，靜之神，動之機也」。其實，宗周亦有以動靜解周濂溪《通書·聖第四》之「幾」，云：

> 「幾者動之微」，不是前此有箇靜地，後此又有箇動之著在，而幾則界乎動靜之間。審如此三截看，則一心之中隨處是絕流斷港，安得打合一貫？予嘗謂周子誠神幾非三事，總是提點語。〔註57〕

又云：

> 周子云「有無之間」，謂不可以有言，不可以無言，故直謂之微。《中

〔註56〕戴璉璋、吳光主編：《劉宗周全集（二）》，頁536～537。
〔註57〕戴璉璋、吳光主編：《劉宗周全集（二）》，頁527。

庸》以一微字結一部宗旨，究竟說到無聲無臭處。然說不得全是無也。〔註58〕

併合以上兩段引文來看，宗周視「幾」為動靜一源，因他不會將「動之微」分為三截看，而是打合一貫，杜絕了「一心之中隨處是絕流斷港」的弊端。既然打合一貫，宗周就套用周濂溪的有無，取「動之微」來顯「靜之微」，動靜俱微，並肯定《中庸》以「微」字為宗旨，由「微」指向無聲無臭的「獨體」，這個說法很能透出「歸顯於密」的意味。

以下一段收錄於〈聖學宗要〉之〈拔本塞源論〉案語，最能表現「動靜一源，顯微無間」的「獨體」義，其內容為：

> 蓋止一喜怒哀樂，而自其所存者而言謂之中，如四時之有中氣，所謂「陽不亢，陰不涸」是也；自其所發者而言謂之和，如四時之有和氣，所謂「冬無愆陽，夏無伏陰」是也。由中達和，故謂之大本達道，只是一時事，所謂「動靜一原，顯微無間」者也。中為天下之大本，即隱即見，即微即顯；和為天下之達道，即見即隱，即顯即微，故曰「莫見乎隱，莫顯乎微」，而獨之情狀於此為最真。蓋「獨」雖不離中和而實不依於中和，即「太極」不離陰陽而實不依於陰陽也。中，陽之動也；和，陰之靜也。然則宋儒專看未發氣象，未免落在邊際，無當於「慎獨」之義者。〔註59〕

宗周以四時之冬、夏、陰、陽為喻，言「喜怒哀樂」所存者為中，其所發者為和，由中達和，只是一時事。這「一時」不是指「時序」的同一，應理解為「本質」的同一，故有「動靜一原，顯微無間」的定語。「動靜一原」回應存發的問題，「顯微無間」則指向中和，宗周雖配言為「陽之動」和「陰之靜」，但實意不是分動靜，而是此陰陽所類比之「中和」特徵，是隱見微顯互見的，這才是「獨體」最真的情狀。宗周最終不忘以「獨體」的奧密為堡壘，這才是儒學之終極目的，故他批評宋儒專看未發氣象，落在邊際，意即不看未發、已發之一原無間，單就一端視察，離卻核心之地極遠。

對於「陽之動」和「陰之靜」，宗周有進一步的說明如下：

> 性無動靜者也，而心有寂感。當其寂然不動之時，喜怒哀樂未始淪於無。及其感而遂通之際，喜怒哀樂未始滯於有。以其未始淪

〔註58〕戴璉璋、吳光主編：《劉宗周全集（二）》，頁527。
〔註59〕戴璉璋、吳光主編：《劉宗周全集（二）》，頁302。

於無，故當其未發，謂之陽之動，動而無動故也。以其未始滯於

有，故及其已發，謂之陰之靜，靜而無靜故也。動而無動，靜而

無靜，神也，性之所以為性也。動而無靜，靜而無動，物也，心

之所以為心也。〔註60〕

宗周借周濂溪的「有無」，再說明「寂然不動」與「感而遂通」均不淪於
無或滯於有，這種遮詮的說法，一方面當然是替「喜怒哀樂」定位，避免陷入
如動有、靜無的限圍中；另一方面即以兩聯：「動而無動，靜而無靜」及「動
而無靜，靜而無動」，說明「性之所以為性」（性無動靜）和「心之所以為心」
（心有寂感），在本質上其內容無異，並且不可以單純落在「動」「靜」上說，
在這裏尤其要注意的是，宗周每每並言「心」「性」，在道德踐履的先天根據
方面，這是一種較圓熟的表述，宗周執持此觀點與宋儒對話，尤其是朱子之
為學取向，更備受他關注。

宗周於〈學言上〉批評朱子之「戒懼」工夫，即是點題之言，茲錄內容如
下：

……乃朱子以戒懼屬致中，慎獨屬致和，兩者分配動靜，豈不睹不

聞與獨有二體乎？戒懼與慎獨有二功乎？致中之外復有致和之功

乎？〔註61〕

宗周判斷朱子之觀點：「以戒懼屬致中，慎獨屬致和，兩者分配動靜」為
不諦當者，因戒懼、慎獨非寡頭的兩截工夫，而「致中」於宗周來說是「致
和」，故此更無動靜可分。宗周以三聯反問，正正顯示他以「不睹不聞」與「獨」
為同一實體；戒懼與慎獨是同一種工夫；致中就是致和。

以下一段對答，亦可作旁證，云：

問：「未發氣象從何處看入？」曰：「從發處看入。」「如何用工夫？」

曰：「其要只在慎獨。」「兼動靜否？」曰：「工夫只在靜，故云主靜

立人極，非偏言之也。」「然則何以從發處看入？」曰：「動中求靜，

是真靜之體，靜中求動，是真動之用。體用一源，動靜無端，心體

本是如此。」（後又云：「體用一原，顯微無閒，此宋儒見道之語，

後人往往信不過。」）〔註62〕

〔註60〕戴璉璋、吳光主編：《劉宗周全集（二）》，頁462。

〔註61〕戴璉璋、吳光主編：《劉宗周全集（二）》，頁437。

〔註62〕戴璉璋、吳光主編：《劉宗周全集（二）》，頁439～440。

宗周認為從「發處」入手，可看「未發」氣象，工夫落在「慎獨」上，其意與「主靜立人極」同。從「發處」入手，是「心有寂感」故。宗周總結云「動中求靜，是真靜之體，靜中求動，是真動之用。體用一源，動靜無端」，「真靜」與「真動」是體用一源的確解，是見道之語，「動靜無端」則是不定在「動」或「靜」端，是「性無動靜者也，而心有寂感」的同義詞，以示「心體」與「性體」互為彰顯之意。

宗周曾在〈聖學喫緊三關・敬肆關〉中，評周濂溪答蘇季明之言，云：

> 先生於「靜」字「動」字，下不得一穩實字。一則曰「最難」，再則曰「難處」，總是教人莫站足在動靜上。〔註63〕

不偏站「動」或「靜」，的是引人反省之句。

第三節　氣質義理，只是一性

「氣質之性」源自張橫渠之《正蒙・誠明》篇，宗周於〈五子連珠・張子〉中抄錄了此篇其中一段，云：「形而後有氣質之性，善反之，則天地之性存焉。故氣質之性，君子有弗性者焉」〔註64〕，這裏的「氣質之性」與「天地之性」相對，前者是隨形骸而來的自然生命，後者則由「善反」者彰顯，這「反」是孟子的「反身而誠」的內自省，故「天地之性」即是吾人的德性生命。張橫渠二分「氣質之性」與「天地之性」，但沒有否認君子有「氣質之性」一層。朱子與學生楊道夫討論有關「形而後有氣質之性」一段，對張橫渠的二分持有不同的意見，並定下「性須兼氣質說方備」的結論，曰：

> ……性只是理，然無那天氣地質，則此理沒安頓處。但得氣之清明則不蔽固，此理順發出來。……故「氣質之性，君子有弗性者焉。學以反之，則天地之性存矣。」故說性須兼氣質說方備。〔註65〕

朱子以「性只是理」為大原則，此處之「天氣地質」其實指自然，理得氣（即「天氣地質」）之清明而順發並不涵德性義，因此，朱子理解之「性」亦不能是「德性」之「性」。當然，朱子之「性」中，包括「理」與「氣」在內〔註66〕，也與張橫渠之說有異，另以「學而反之」言存「天地之性」，亦

〔註63〕戴璉璋、吳光主編：《劉宗周全集（二）》，頁238。
〔註64〕戴璉璋、吳光主編：《劉宗周全集（二）》，頁213。
〔註65〕陳榮捷：《近思錄詳註集評》，頁144。
〔註66〕有關張橫渠、程伊川及朱子對「氣質之性」與「天地之性」之判分，可參考

不同於張橫渠的原意，張橫渠是以孟子的「反身而誠」言「善反」，乃是一道德踐履之事，朱子基於以「格物窮理」為底子，由「學而反之」所存的「天地之性」，則只有自然知識上的收穫而已。

就宗周而言，他判分「氣質之性」與「天地之性」之原則絕不同於先儒，他採「氣質義理，只是一性」的觀點，而且他既以「性體」為動靜一源，則再說「氣質義理，只是一性」，亦算是重言。以下再擇錄〈中庸首章說〉一段，當中「心」「性」合言，但重點是凸出宗周所規定的義理之性與氣質之性，云：

> 《中庸》言性，性一而已，何岐之有？然性是一，則心不得獨二。天命之所在，即人心之所在；人心之所在，即道心之所在，此虞廷未發之旨也。或曰：「有氣質之性，有義理之性。」則性亦有二與？為此說者，正本之人心道心而誤焉者也。程子曰：「論性不論氣不備，論氣不論性不明，二之則不是。」若既有氣質之性，又有義理之性，將使學者任氣質而遺義理，則「可以為善、可以為不善」之說信矣。又或違氣質而求義理，則「無善、無不善」之說信矣。又或衡氣質義理而並重，則「有性善、有性不善」之說信矣。三者之說信，而性善之旨復晦，此孟氏之所憂也。須知性只是氣質之性，而義理者，氣質之本然，乃所以為性也。心只是人心，而道者人之所當然，乃所以為心也。人心道心，只是一心；氣質義理，只是一性。〔註67〕

宗周根據《中庸》說的「天命之性」，肯定「性一」，故此「心」不能是「二」，其理據在「天命之所在，即人心之所在；人心之所在，即道心之所在」。由於宗周視「天命就是性」〔此義可參考第四章第一節 「性」之尊〕，「性體」與「心體」、「道體」相通，因而天命、人心與道心皆指向同一根源。至於「有氣質之性，有義理之性」這個說法，宗周認為是出於有人誤以「人心」與「道心」為二，由此開出「氣質」、「義理」兩性，所以宗周贊同程子：「論性不論氣不備，論氣不論性不明，二之則不是」的說法，簡言之，是性、氣不離，絕不能分拆為二，但宗周的側重點是放在由「性體」開出的理與氣的涵蘊關係

李明輝：《劉蕺山論惡之根源》，收入鍾彩鈞主編：《劉蕺山學術思想論集》（臺北：中研院中國文哲研究所籌備處，1998 年 5 月初版），頁 103～104。

〔註67〕戴璉璋、吳光主編：《劉宗周全集（二）》，頁 352～353。

上，它們才是了解「天命之性」的鑰匙。

至於宗周認為兼言「氣質」、「義理」兩性，會招致下列難題：

1. 若既有氣質之性，又有義理之性，將使學者任氣質而遺義理，則「可以為善、可以為不善」之說成立。

2. 或違氣質而求義理，則「無善、無不善」之說便成立。

3. 氣質義理並重，則「有性善、有性不善」之說亦可成立。

因為以上三說均違反孟子之「性善」義，故宗周規定「性」只是氣質之性，而「義理」者，是氣質之本然，是「性」所以為性的根據。宗周並以「心」再作喻，言「心」只是人心，而「道」者是人之所當然，是「心」所以為心的根據，所以得出「人心道心，只是一心；氣質義理，只是一性」的結論。

有關第一說，宗周已是有意識地分判，若「既有氣質之性，又有義理之性」，則當吾人任氣質時，就可以為善或可以為不善，此氣質之性概不能歸類為「天命之性」。至於第二說，若吾人專求義理，則是「無善、無不善」，如此說，義理之性不能視為一「道德性」。最後若氣質義理並重，則會導致「有性善、有性不善」，在這種情況下，宗周認為就「氣質之性」和「義理之性」，會分流出「性善」與「性不善」兩種狀況來。以上種種可能，均由二分「氣質之性」和「義理之性」而來，要避免「性善」之旨晦暗不明，宗周認為要肯定「氣質之性」和「義理之性」是一才成，而且這個「性體」一定要是絕對普遍的必然者，否則其道德性不能保存，所以他配言「人心道心，只是一心」來保障「氣質義理，只是一性」。

以上分析之各端，還需要一些資料來輔助說明，否則無從理解宗周「氣質義理，只是一性」的確義。單就「氣質」一詞，宗周曾剖析云：

> 聖賢教人，只指點上一截事，而不及下截。觀《中庸》一書可見。蓋提起上截，則其下者不勞而獲。繞說下截事，如堂下人斷曲直，莫適為主，誰其信之？「形而上者謂之道，形而下者謂之器」是也。人生而有此形骸，便有此氣質，就中一點真性命，是形而上者。雖形上不離形下，所以上下易混作一塊。學者開口說變化氣質，卻從何處討主腦來？⋯⋯或問：「孟子說『善養浩然之氣』如何？」曰：「繞提起浩然之氣，便屬性命邊事。若孟施舍、北宮黝、告子之徒，只是養箇蠢然之氣，正是氣質用事處，所以與孟子差別。」〔註68〕

〔註68〕戴璉璋、吳光主編：《劉宗周全集（二）》，頁363～364。

以上一段，宗周首先指出《中庸》是聖人指點上一截事的好例子，只要指點了上一截，則下截便不勞而獲，若偏說下截，則如公堂斷案，控辯雙方各持己見而不知誰人為可信者。宗周所說之上一截及下截，即「形而上者謂之道，形而下者謂之器」的借用，他想表明吾人之形骸正是形下的「器」，因此表現出「氣質」來，但此「氣質」中有一點形上的真性命，此真性命即《中庸》的「天命之性」。宗周既言形上不離形下，則此真性命不離氣質可肯定，如此，則「天命之性」換以「氣質之性」作指涉亦可，當中之關鍵在「性」之定位處，它應是「氣質」當中之形上部分，屬超越層，孟子說的「浩然之氣」正是其中一例，故「氣質之性」與「氣質」旨意不同，宗周批評孟施舍、北宮黝、告子等人只是養了箇蠢然之氣，正是把「氣質」的形上、形下兩層混作一起說的後果。

有了對「氣質」的理解，再回看「義理者，氣質之本然」（〈中庸首章說〉），則可以「義理之性」來通貫「氣質之性」，由此得「氣質義理，只是一性」的結論。這個觀點，亦可於宗周注《論語·陽貨》：「性相近，習相遠也」兩句中得到支持，其注曰：

> 蓋孔夫子分明說性善也。說者謂孔子言性只言近，孟子方言善、言一。只為氣質之性、義理之性分析後，便令性學不明，故謂孔子言性是氣質之性，孟子言性是義理之性。愚謂：氣質還他是氣質，如何扯著性？性是就氣質中指點義理者，非氣質即為性也。清濁厚薄不同，是氣質一定之分，為習所從出者。氣質就習上看，不就性上看。以氣質言性，是以習言性也。〔註69〕

宗周指出有學者因不了解「氣質之性」與「義理之性」實是一，故以為孔子說「性相近」一語，是言「氣質之性」，而孟子之「性」才是「義理之性」。宗周規定「氣質」應是單一獨立之概念，不是「性」的某一種特殊類別，它是由「習」所出，受經驗元素影響，宗周便曾言：「人生皆為習所轉，則心亦為習所轉，一切捆排是非計較凡聖，恐都是習心」（《語類·遺編學言》），因此言「氣質」有清濁厚薄之分，無不是由此「習」而來；而「氣質之性」中的「性」，宗周委派給它的任務是就氣質中指點出義理者來，既有義理執持其中，則「氣質之性」一詞按此義即有超越義，而不是指形下層的一種氣質，朱子所言雜

〔註69〕戴璉璋、吳光主編：《劉宗周全集（一）》，（臺北：中研院文哲所，1996年），頁600～601。

有理、氣之「氣質之性」即是宗周所指的「氣質」。

若按宗周的意思,「氣質之性」絕不同於「氣質」可見,而且只說一種「氣質之性」即可,故曰:

> 凡言性者,皆指氣質而言也。或曰:「有氣質之性,有義理之性。」亦非也。盈天地間止有氣質之性,更無義理之性。如曰「氣質之理」即是,豈可曰「義理之理」乎?〔註70〕

以上一段引文,重點在「盈天地間止有氣質之性,更無義理之性」,因「氣質義理,只是一性」,故毋用多分出一種「義理之性」來,若必要說,宗周認為可說「氣質之理」,以明「就氣質中指點出義理」這種「性體」的特色,若說成「義理之理」即成重義,「理中之理」這個意思是多說了。

宗周另在多處指點這種「氣質之性」的內容,如:

> 性只有氣質之性,而義理之性者,氣質之所以為性也。〔註71〕

又如:

> 人生而有氣質之性,故理義載焉,此心之所為同然者也。然必學焉,而後有以驗其實。學者,理義之矩也。〔註72〕

首段引文表示由「氣質之性」處可說「義理之性」,義理之性者是「氣質之所以為性」,這處仍未十分表現出「氣質之性」作為「天命之性」的德性義,到第二段引文之「人生而有氣質之性,故理義載焉」的理義載於「氣質之性」,由於是人生而有之,便能突顯這個意思了。宗周進一步說吾人之「心」同有此「性」,由「學」可驗其實存實有,此處之「學」是理義之矩,既是「矩」,便是一個原則、一個理,則「學」同於孔子的「下學上達」,是有實踐義的,意即實踐「氣質之性」這個原則或理。

就「氣質之所以為性」一句,牟宗三先生曾分析當中「所以」一詞引發的問題,以區分宗周與宋儒的觀點,曰:

> 蕺山於氣質之性中「之」字解為所有格,於義理之性中「之」字仍保其舊,視義理即為氣質之所以為性者,即氣質外所以解析或成就此氣質之所以者,如是而至理氣合一,而只由「氣質底性」一語以泯義理之性與氣質之性之分。此固亦通,然非宋儒說此兩詞之意也。但雖通

〔註70〕戴璉璋、吳光主編:《劉宗周全集(二)》,頁493。
〔註71〕戴璉璋、吳光主編:《劉宗周全集(二)》,頁615。
〔註72〕戴璉璋、吳光主編:《劉宗周全集(二)》,頁316。

而有問題，即：所謂「氣質之所以為性」，此「所以」有表示內在義，
有表示超越義。表示內在義之「所以」即內在於氣質而只成一「氣質
的性」，……此則為定義中的性，定義中之所以。表示超越義之「所
以」，則是外於氣質而又入於氣質，而為形上地直貫，以主宰乎氣，
生化乎氣，此是動態的實現之理之所以。凡朱子所說之理或太極皆是
此超越義之所以，凡儒家所說之心性，天心仁體，天命之性，亦皆是
此超越義之所以。蕺山之意若如此，則是；若是內在義之所以，則非。
若是超越義之所以，則不礙宋儒之分義理之性。……〔註73〕

牟宗三先生試圖以「氣質底性」來說明宗周「氣質之性」的底蘊，即：義
理是「氣質之所以為性」，它在氣質外，是解析或成就此氣質之所以者，如此
「氣質之性」與「義理之性」可用「氣質底性」這個概念統合起來。

宗周言「性是就氣質中指點義理者」就是「氣質底性」的最佳註腳。牟
宗三先生進一步分析，就算以「氣質底性」義作根據，仍要分清「所以」一詞
的內在義及超越義兩層的使用，據前者的規定，「氣質之所以為性」意即內在
於氣質而只成一「氣質之性」，則「性」和「所以」是在定義中的「性」和「所
以」，純然是「理」上的分析；若據後者的規定，「氣質之所以為性」中的「所
以」，它是動態的實現之理，外於氣質又入於氣質，同時是形上地直貫「氣」，
這可算是理、氣一的規模。按牟宗三先生的意思，宗周若採「內在義」的「所
以」去解釋「氣質之所以為性」，則違「天命之性」的宗旨，若採「超越義」
的詮釋向度，則宋儒直接以「義理之性」說「性體」之超越義亦不與宗周規定
之「氣質之性」相違背，此判語是持平及有理據的。

「氣質之性」與「義理之性」之分，由張橫渠啟其端，至宗周卻釐清「氣
質」與「氣質之性」之使用領域，直接地說「氣質義理，只是一性」，他於〈答
王右仲州刺〉一文中云：「……要而論之，氣質之性即義理之性，義理之性即
天命之性，善則俱善」〔註74〕，正是「性體」一源義的延伸，這個「善則俱
善」的圓滿性，正正由「天命之性」的肯認而開出，職是之故，站在宗周的立
場，「氣質之性」是一種有根本的立論。

〔註73〕牟宗三：《宋明儒學的問題與發展》，〈陸王一系之心性之學·劉蕺山誠意之學〉
　　　　（臺北：聯經出版事業股份有限公司，2003 年 7 月初版），頁 340～341。
〔註74〕戴璉璋、吳光主編：《劉宗周全集（三）》，（臺北：中研院文哲所，1996 年），
　　　　頁 389。

第四節　「性體」開出的「理」與「氣」

前述程子：「論性不論氣不備，論氣不論性不明，二之則不是」，是性、氣不離的說法，宗周則重視理、氣的關係，這個思路實由「氣質之性」而來，而重要的觀點有二：一為「盈天地間一氣」的肯認；一為「理、氣不離」的說明。

有關第一個觀點「盈天地間一氣」，宗周有點題之言：

> 盈天地間，一氣而已矣。有氣斯有數，有數斯有象，有象斯有名，有名斯有物，有物斯有性，有性斯有道，故道其後起也。而求道者，輒求之未始有氣之先，以為道生氣。則道亦何物也，而能遂生氣乎？〔註75〕

> 子思子從喜怒哀樂之中和，指點天命之性，而率性之道即在其中，分明一元流行氣象，所謂不識不知，順帝之則，全不涉人分上，此言性第一義。〔註76〕

宗周於首段引文提出一個重要的觀點：「盈天地間一氣」，而且此「氣」非由「道」所生，相反，按段意來理解，是有這個「氣」後才有數、象、名、物、性及道。數、象等應是《易傳》內之六爻所表徵者，例如《易·乾》的卦辭：「元、亨、利、貞」顯「品物流形」之氣象；名、物可以是感觸界或非感觸界所指涉的概念或事物；至於性及道在這處仍採《中庸》義，是有關吾人的道德性的先驗說明，以上諸端，可算涵天蓋地，當中關鍵在「吾人」處，因宗周批評一些「求道者」，以為「氣」不是始端，故在先於「氣」處求道，又以為「道」生「氣」，凡此種種皆不知「氣」為第一因，而且由「性」和「道」賦予其圓滿性。職是之故，宗周指出這個作為第一因的「氣」的本質內容，據上述第二段引文內容，宗周借子思子分析《中庸》首章，指定「氣」是一元流行氣象，當中可由「中和」指點出天命之性〔此觀點之分析可參考第一節：「性體」的未發、已發與中和〕，「率性」就是道。至於這個「一元流行氣象」，它不是吾人在經驗界上可認知或感觸的具象，只有透過遵循最高的原則〔與「率性」意同〕，才能呈現出來，這麼一個最高的原則即「帝之則」，在傳統的表述中，有「帝」與「天」相連之用詞，「帝」與「天」也可互通使用，因此「帝之則」也是「天之則」，即天理，由此說「性」的第一義。所謂「性」的第一義，除

〔註75〕戴璉璋、吳光主編：《劉宗周全集（二）》，頁480。
〔註76〕戴璉璋、吳光主編：《劉宗周全集（二）》，頁318。

了以此作為「性」的確解之外，還涵有圓滿義，示其為一終極者。在這處要補充一點，「全不涉人分上」不是與吾人隔絕之意，而是不涉及任何個體之特殊構作，由此顯「順帝之則」有着普遍性。宗周採以上意思，作出定案，云：

> 盈天地間，一氣也。氣即理也，天得之以為天，地得之以為地，人物得之以為人物，一也。人未嘗假貸於天，猶之物未嘗假貸於人，此物未嘗假貸於彼物，故曰：「萬物統體一太極，物物各具一太極。」自太極之統體而言，蒼蒼之天亦物也。自太極之各具而言，林林之人，芸芸之物，各有一天也。〔註77〕

「盈天地間一氣」中的「氣」是理，它的特質是「不識不知，順帝之則，全不涉人分上」，從中可見其先驗性、普遍性，「天」、「地」及「人」均得之而有成，這意思同於「乾道變化，各正性命」，又由於「天」、「地」、「人」據以各正性命之「理」是同一者，故言「一也」。宗周又以「天」、「地」、「人」及「物」間並不彼此假貸，藉此分清「太極」有兩個身分，一是萬物之統體，同時也是各物自身所獨具者。他借此分判「天」可以是太極之統體身分中的一元，視其為一「物」是被允許的，但這「物」仍應不涉經驗層，是「有物有則」中之「物」義，故「天」解作「自然之常則」較貼近；至於林林之人，芸芸之物，也可各有一天，這個「天」顯示出「太極」的另一重身分，在這裏「天」可以是「理」，在「人」處是「性理」，在「物」處是「物理」。黃宗羲總述宗周之學的第四端：「太極為萬物之總名」，由上述引文所見，宗周的論點確有獨到之處，是發前儒之未發者。

宗周在〈大學古記約義・格致〉一文中，有相類「盈天地間一氣」的觀點，云：

> 盈天地間皆物也。自其分者觀之，天地萬物各一物也；自其合者而觀之，天地萬物一物也，一物本無物也。無物者，理之不物於物，為至善之體而統於吾心者也。雖不物於物，而不能不顯於物：耳得之而成聲，目寓之而成色，莫非物也，則莫非心也。〔註78〕

宗周以分、合兩個維度看「物」，前者是「天地萬物各自成其為一物」之意；後者是「天地萬物為一整體，萬物為一物」之意。楊祖漢先生按「一物本無物」分析此「一物」指「理」而言，其論點如下：

〔註77〕戴璉璋、吳光主編：《劉宗周全集（二）》，頁480～481。
〔註78〕戴璉璋、吳光主編：《劉宗周全集（一）》，頁759。

……但從蕺山所說的「一物本無物也。無物者，理之不物於物，為至善之體而統於吾心者也。」來看，此「一物」很明顯是指「理」而言，此理是「不物於物」者，既是不物於物的理，便不宜說是合天地萬物之「一物」，蕺山此處之表達有不清楚之處，易造成混亂，而使人以天地萬物之全體來理解此「一物」。細察蕺山之意，此「一物」當是形上之理，並不同於現實存在之萬物，亦不是萬物之整體。而理雖不同於萬物，亦不能離開萬物，故蕺山說「雖不物於物，而不能不顯於物」。大概蕺山認為理固不同於事物，但若離開了事物，理是決不能顯現的。既然理決不能離開事物而顯，故亦說理為一物。故蕺山以「一物」言理，應是特意強調理不能離物，及理必須顯於物之意。〔註79〕

楊祖漢先生藉「一物本無物」說「一物」為形上之理，這是本宗周之原意而來，但宗周又採「合」之維度言天地萬物之全體為「一物」，楊祖漢先生評此處表達不清楚，他推斷宗周的想法是：理與物不同，但理不離氣，並且必藉物而顯，故亦說理為一物。考察「盈天地間皆物」與「盈天地間一氣」，前者所指之「物」為形上之理，後者的「氣」亦是理，從中可見其先驗性、普遍性，所以可以說「物」與「氣」通。

但在另外一些章句中，有關「氣即理」，卻顯示了「氣」與「理」分屬形上、形下兩層，這是需要辨清的，茲先述兩段話語作對照解釋，云：

或問：「理為氣之理，乃先儒謂『理生氣』，何居？」曰：「有是氣方有是理，無是氣則理於何麗？但既有是理，則此理尊而無上，遂足以為氣之主宰。氣若其所從出者，非理能生氣也。」〔註80〕

形而下者謂之氣，形而上者謂之性。故曰：「性即氣，氣即性。」人性上不可添一物，學者姑就形下處討箇主宰，則形上之理即此而在。〔註81〕

首段內容所顯示之理、氣關係，是「理」為氣之理，故有是氣即有是理，而且「理」主氣，氣是從出。此外，「理」由其「尊而無上」表一形上性格，故此處之「氣」有機會屬形下者。

〔註79〕楊祖漢：〈中國學研究‧朱子理一分殊論的現代意義〉，收入南溪梁承武教授定年記念論文集刊行委員會編：《南溪梁承武教授定年記念論文集》（中國：中國圖書文化中心，2006年8月31日），頁397。
〔註80〕戴璉璋、吳光主編：《劉宗周全集（二）》，頁483。
〔註81〕戴璉璋、吳光主編：《劉宗周全集（二）》，頁314。

第二段引文則明白指出「氣」屬形而下者,「性」屬形而上,故這個「性」通首段之「理」,但宗周總結言:「性即氣,氣即性」是否矛盾?如果將此處之「氣」向上推高一層看,則可如理。首先在「性即氣,氣即性」中的「即」不是「等同」之意,而是「相即不離」,意指「性」、「氣」是相即的兩層〔案同於「理」、「氣」相即〕,既然吾人之「性體」不能加上私毫之經驗元素,以免破壞其「尊而無上」,則學者只好在形下之「氣」中探討這個「氣」所從出之「理」,故言形上之理「即」此而在是合理的推論。雖然高看這個「氣」,理、氣仍是異質的兩層是毋容置疑。

根據以上分判,則「氣」可上、下貫通地講,向上可通「理」,這是「盈天地間一氣」的「氣」,故「氣即理」等同「氣是理」;向下順說是形而下的「氣」,它與「性」相即,能顯出一形上之理。宗周說得如此細緻,是希望提醒吾人有關形而下的一層,它亦有一積極之意義在,故曰:

> ……後儒專喜言「形而上」者,作推高一層之見,而於其所謂「形而下者」,忽即忽離,兩無依據,轉為釋氏所藉口,真所謂開門而揖盜也。至玄門則又徒得其「形而下」者,而竟遺其「形而上」者,所以蔽於長生之說,此道之所以嘗不明也。〔註82〕

宗周以「理氣相即」指示形上不離形下,所以他不滿專喜言「形而上」者,未把「形而下者」安置妥當,這最可能是指王陽明以「良知天理」為形上之原則(即:推高一層之見),確立其大者,但在「意」與「念」間徘徊,未確定「念」的經驗性格,即所謂於「形而下者」,忽即忽離,最後導致形上、形下兩無依據,終至踏空,被佛家借言一切皆「性空」及「無自性」,宗周在此作了一嚴正的批評:開門而揖盜。宗周的批評並不能盡佛家(釋氏)義理之全旨,但他清楚自然生命與德性生命同屬一己,並堅守以「天命之性」為大原則,葆荏吾人分定之道德性,但同時亦盡見踐德之艱難,蓋形骸在經驗界所受之侷限並不是與吾人隔絕開,相反,吾人需借此形骸在現存之時空踐履,故形上、形下之分際要釐清,這絕不同於道家(玄門)傾向善養形下之吾軀求長生,而忘了形上的道〔案此處應是儒家的「道」,即「理」〕,宗周慨言「道」之不明正因形上、形下兩無依據故。

牟宗三先生對「性理」一詞的分析,正好凸顯宗周以上話語的道德莊嚴感,其言如下:

〔註82〕戴璉璋、吳光主編:《劉宗周全集(三)》,頁431。

……儒家的教義不是西方哲學的路數。它也是直就「生命」而說。但自然生命是自然生命，它是直就德性生命而說。它是直下把人作人看，把個體生命看成是個「人格」。這倒是直下承當的態度。並不把自己站在旁邊，把自然生命推出去對之作一個無明緣生的觀察。自然生命本身，若站在高一層看，固是盲目衝動，固有污濁，但我們可直下把它統之於人、人格，即德性生命，而由道德實踐以逐步淨化之。這是儒家的路數。說到「人格」，亦須有根據，否則亦如幻如化。這人格的根據便是「性理」了。〔註83〕

　　儒者是直就德性生命而說自然生命，二者絕不是割裂的，所以宗周說「意」可分開順講至「念」；「理」、「氣」就形上形下一併說，這就是牟宗三先生所謂「把個體生命看成是個『人格』」的明證，而不會採納佛家無明緣生的觀點。至於「性理」，就是「天命之性」所成之理，較之佛家的如幻如化，這個「性理」當然是一實理，由吾人的德性生命圓實之。

　　宗周以《中庸》的「天命之性」為一判準，審察有明一代之學儒及流派，前述一段引文云：「……而但恐《中庸》之教不明，將使學「慎獨」者以把捉意見為工夫，而不覿性天之體。……故雖以朱子之精微，而層摺且費辛勤；以文成之易簡，而辨難不遺餘力，況後之學聖人者乎？……」〔註84〕即示宗周以《中庸》之「慎獨」為本體、亦為工夫，說明其據在「性天之體」，即天命之性處。他認為不認清這個「性體」，則「獨」、「中」、「和」等等，皆無實義可言，就算以朱子分析之能，精微透緻，徒增曲折並費勁，而王陽明「致良知」易簡直截，但又失之太粗，招致辨難，宗周認為兩位大儒尚且如此，後學得窺「性天之尊」者更多險阻，故不吝反復言說性之全能、道體的奧密及性體的渾然一體義，諸等向度，皆向內密收，而與「心體」合，正如：「耳得之而成聲，目寓之而成色，莫非物也，則莫非心也」〔註85〕，「心即物」、「心即理」，如此方可真正從主、客觀面挺立吾人之德性生命，成就人格。以下第六章，即案此「性體」之義，分析心、性的兩重關係：形著與綜和，這是「歸顯於密」的義理核心部分，亦是「心宗」與「性宗」的濫觴。

〔註83〕牟宗三：《宋明儒學的問題與發展》，頁 77～78。
〔註84〕戴璉璋、吳光主編：《劉宗周全集（二）》，頁 303。
〔註85〕戴璉璋、吳光主編：《劉宗周全集（一）》，頁 759。

第六章 「心體」與「性體」的關係

第一節 心體與性體的形著關係

一、心、性是一

　　王陽明的良知教是「心學」，他求本心於良知，整個系統呈顯教的規模，宗周亦重本心，此為儒者之共許。明天啟五年（公元 1625 年），宗周是年四十八歲，據其子劉汋所編之《劉宗周年譜》載，當時宗周講學於解吟軒，痛言世道之禍，即在「本心」之不明：

> 先生痛言：世道之禍釀於人心，而人心之惡以不學而進。今日理會此
> 事，正欲明人心本然之善，他日不至凶於爾國，害於爾家。座中皆有
> 省。每會，令學者收歛身心，使根柢凝定，為入道之基。嘗曰：「此
> 心絕無湊泊處，從前是過去，向後是未來，逐外是人分，搜裏是鬼窟。
> 四路把截，就其中間不容髮處，恰是此心真湊泊處。此處理會得分明，
> 則大本達道，皆從此出。」於是有慎獨之說焉。〔註1〕

　　從上文可理解宗周所言之世道禍害，在於不學而進，不明「人心本然之善」，而「人心」真湊泊處在「前後裏外中」的間不容髮處。以上的說法，是一種圖象式的表述，明本然是善的「人心」的幽微，而發明此心之工夫在「慎獨」。

　　宗周曾剖析「心」之多面相，如人心與道心，曰：

〔註 1〕戴璉璋、吳光主編：《劉宗周全集（五）》，〈劉宗周年譜〉（臺北：中研院文哲
　　　所，1996 年），頁 206。

昔人解「人心、道心」，說道心為主，而人心每聽命焉。如此說是一
身有二心矣。離卻人心，別無道心。如知寒思衣，知饑思食，此心
之動體也；當衣而衣，當食而食，此心之靜體也。然當衣當食審於
義理，即與思衣思食一時並到，不是說思衣思食了，又要起箇當衣
而衣、當食而食的念頭。〔註2〕

饑則食，寒則衣，何嘗未饑先求食，未寒先著衣？使動靜語默，莫
不皆然，則道在是矣。〔註3〕

　　宗周上述兩段話，首段是說明「離卻人心，別無道心」，而二者是一。他
指出當衣當食與思衣思食是一時並到之事，若要細分，前者是心之靜體，後
者是心之動體，二者皆是「心」之面相，並不存在主從之關係，否則吾人便一
身有二心。至於「饑則食，寒則衣」一段，是借日用間事說明當中有一「理」
在，即呈現「道」，故動靜語默中莫不有「道」在。合併兩段話語來看，心之
靜體與動體均是「道」，宗周是希望表達「道心」不離「人心」之餘，二者其
實是一，而這就是「道」。

　　下面一段文字，可作為以上觀點的總結語，宗周曰：

「人心惟危，道心惟微」。道心即在人心中看出，始見得心性一而
二，二而一。〔註4〕

　　從《尚書·大禹謨》：「人心惟危，道心惟微」下接「惟精惟一，允執厥
中」〔註5〕的意思來看，這個「人心」、「道心」雖可分言，但總是歸向「精一」，
「精」是精察，「一」是謹守這唯一之道而不離，所以吾人執持「中」，即「正
道」〔註6〕，那麼心體之動、靜並不妨礙「精一」，相反，在「人心」之感通
接物處中見「道心」之澄明，更見「精一」，這才是吾人言道德性之根本，故
宗周反復肯定「道心即在人心中看出」，以證心性是一而二，二而一。

　　宗周另有一段話同樣表述以上意思，曰：

〔註2〕戴璉璋、吳光主編：《劉宗周全集（二）》，〈語類十五·會錄〉（臺北：中研院
　　　文哲所，1996年），頁624。
〔註3〕戴璉璋、吳光主編：《劉宗周全集（二）》，頁436。
〔註4〕戴璉璋、吳光主編：《劉宗周全集（二）》，頁450。
〔註5〕〔清〕阮元主持：《十三經注疏（上）》，〈尚書正義·卷四·大禹謨〉（杭州：
　　　浙江古籍出版社，1998年），頁140。
〔註6〕有關「人心惟危，道心惟微，惟精惟一，允執厥中」四句之考據，可參考楊
　　　祖漢：《中庸義理疏解》之附錄〈中庸章句序〉，（臺北：鵝湖出版社，1997年
　　　3月修訂3版），頁256～257。

問：「心性兩字，是一是二？」曰：「心只是此心，言心而性在，天下無心外之理。」〔註7〕

「道心即在人心中看出」，心與性仍有是二的可能，蓋「人心」關涉經驗元素，「性」是氣性抑或德性要定位，故宗周於〈會錄〉中答張二無（瑋）之問：「心」與「性」是一抑是二，他即明言「心只是此心」，心只是一個，而天下無心外之理，這個「理」在吾人來說是「性理」，是分定固也的性，換句話說，「性理」在心中，因而說「心」即是言「性」，這樣便保障了「心」「性」在德性層上必然是一的結論。

至於在〈中庸首章說〉，亦能找出「言心而性在」的證據，見下文：

《中庸》言性，性一而已，何岐之有？然性是一，則心不得獨二。天命之所在，即人心之所在，人心之所在，即道心之所在……心只是人心，而道者人之所當然，乃所以為心也。人心道心，只是一心；氣質義理，只是一性。〔註8〕

宗周言性，採《中庸》的「天命之性」義，故「性是一，則心不得獨二」，這是指吾人作為一個道德主體，「性」是道德性，「心」也是道德心，而沒有第二種「性」或第二個「心」。因此，天命之所在，即人心、道心之所在。能夠得出這個結論，是宗周以「道」為人之所當然，也是心之所以為心的根據。再進一步，當然是肯認「人心道心，只是一心；氣質義理，只是一性」，無論是分說或綜論，一心一性，心、性是一是宗周心性論的大前提。

宗周以上的意思，在王陽明的《傳習錄》中亦有所見，其言云：

……心一也，未雜於人謂之「道心」，雜以人偽謂之「人心」，「人心」之得其正者即「道心」，「道心」之失其正者即「人心」，初非有二心也。〔註9〕

王陽明所肯定的「心一也」，同於宗周言「人心道心，只是一心」，而且「人心之得其正者即道心」這個定義，立論十分精確，相信宗周絕不反對。

二、「心、性」是一的密義

根據上一節分析「人心」與「道心」的關係來看，惟精惟一之處即「道

〔註7〕戴璉璋、吳光主編：《劉宗周全集（二）》，頁616。
〔註8〕戴璉璋、吳光主編：《劉宗周全集（二）》，頁352～353。
〔註9〕葉紹鈞點註：《傳習錄》（臺北：臺灣商務印書館，1967年），頁17。

體」所在地，宗周於〈原旨·原道上〉云：

> 道，其生於心乎！是謂道心，此道體之最真也，而惟微者其狀耳。
> 〔註10〕

「道」由心生，這是因有此心、即有此理，故稱「道心」。「道心」是「道體」最真的呈現，但也是最隱微者，如此才有「允執厥中」或慎獨可言。宗周在〈原學中〉一文，曾藉心體之「微」而言心性歸一，云：

> 自良知之說倡，而人皆知此心此理之可貴，約言之曰：「天下無心外
> 之理」。舉數千年以來晦昧之本心，一朝而恢復之，可謂取日虞淵，
> 洗光咸池，然其於性猶未辨也。予請一言以進之，曰：「天下無心外
> 之性」。惟天下無心外之性，所以天下無心外之理也。惟天下無心外
> 之理，所以天下無心外之學也。而千古心性之統可歸於一，於是天
> 下始有還心之人矣。〔註11〕

宗周慨言自「良知教」倡起，人們已重新知道本心之可貴，不過對「性體」還是未辨清，於是替王陽明的「天下無心外之理」推前一步，說「天下無心外之性」，只有肯定無心外之性，由本心之善證立性亦為善，並以此為天理之內在於吾人的表徵，如此說「天下無心外之理」才是完備的講法，亦由此有「天下無心外之學」的結論，這個「學」內在於心，即是「覺」。宗周認為「心性統歸於一」，天下才真正有回復本心之人。以上引文，明心、性是一在宗周系統上的必然性。

至於「心、性是一」的奧密，由宗周判分「氣血之屬非本心」來說明，其意再書於〈原學中〉，云：

> 向之妄意以為性者，孰知即此心是，而其共指以為心者，非心也，
> 氣血之屬也。向也以氣血為心，幾至仇視其心而不可邇；今也以性
> 為心，又以非心者分之為血氣之屬，而心之體乃見其至尊而無以尚，
> 且如是其潔淨精微，純粹至善，而一物莫之或攖也。惟其至尊而無
> 以尚也，故天高地下，萬物散殊，惟心之所位置而不見其跡。惟其
> 潔淨精微，純粹至善，而一物莫之或攖也，故大人與天地合德，日
> 月合明，四時合序，鬼神合吉凶，惟心之所統體而不尸其能。此良
> 知之蘊也。然而不能不囿於氣血之中，而其為幾希之著察，有時而

〔註10〕戴璉璋、吳光主編：《劉宗周全集（二）》，頁330。
〔註11〕戴璉璋、吳光主編：《劉宗周全集（二）》，頁334。

薄蝕焉，或相什百、或相千萬、或相倍蓰而無算，不能致其知者也，是以君子貴學焉。學維何？亦曰與心以權，而反之知，則氣血不足治也。〔註12〕

宗周首先重提妄言「性」的人不知「性即心」義，而他們所肯認的「心」其實是「氣血之屬」，所以會仇視它。宗周即嚴格分疏，首先是以性為心，這可從他「先設性天之尊」處通貫「性之尊」即「心之尊」；然後再判別出屬於「氣血」一層的心，我們並不能以此「氣血」之心為心之體；最後便可得「心之體乃見其至尊而無以尚」。

至於這個至尊而無以尚的「心」，在天高地下，萬物散殊之中，是找不到它藏身的位置，看不見它的跡影的，故同於「不睹不聞」者，由此顯第一重的奧密。再在「潔淨精微，純粹至善，而一物莫之或攖」處，見證「大人與天地合德，日月合明，四時合序，鬼神合吉凶」，顯第二重的奧密，這就是微與顯了。由「心」之微及善作始端，其潔淨及純粹能充盡至天地鬼神處，此義源自《易傳‧乾文言》：「大人者與天地合其德，與日月合其明，與四時合其序，與鬼神合其吉凶」，意指大人與天地同一「創造之德」，在大人處是心性之道德創造的純亦不已，在天地處是創生萬物的天命不已；大人由心性所發之光明，又同於日月之朗照一切之光明；大人之生活，其出處進退同於四時的自然秩序；大人之神感神應亦與鬼神同。

宗周認為以上諸端，由心所統，但不妨礙其能，故說這是「良知」所蘊涵之內容。大人之「心」雖有此精微及至善，可算奧密，但亦畢竟有「血氣之屬」的一層，故宗周同時提醒吾人要審察，這就是君子貴「學」的原因。究竟君子學甚麼？學「與心以權，而反之知」，簡言之，前者是「盡心」，後者是「知性」，這也是天下無心外之學的原因。

三、「以心著性」義的確立

在先秦典籍中，《大學》與《中庸》二書中均出現「慎獨」一詞，據上章諸論題所得，透過《大學》所言的「獨體」，已可與儒者言的「心」、「性」、「天」通而為一，但宗周顯然掌握了《中庸》的形上智慧，特別闡發「慎獨」的另一重涵義，宗周曾云：

《中庸》之慎獨與《大學》之慎獨不同。《中庸》從不睹不聞說來；

〔註12〕戴璉璋、吳光主編：《劉宗周全集（二）》，頁334～335。

《大學》從意根上說來。〔註13〕

宗周以意與念的對揚而收攝良知之用，其特重意根乃誠意學之必要條件，故套用《大學》的誠意、慎獨來開展系統，但最重要的課題是：如何補足陽明輕於指點的向上一機，即如何保障道德踐履的超越根據，在經驗層發用時有其絕對的普遍必然性，宗周即在此發揮《中庸》中不睹不聞的性體，借此義來說慎獨，以便達致一種「以心著性」的目的。「以心著性」的規定，是將「心體」之顯教歸於「性體」的密教的重點觀念，以下即辨明之。

所謂「以心著性」，即表示「心」與「性」有一形著之關係，這個「形著」義來自《中庸》第二十三章：「其次致曲，曲能有誠，誠則形，形則著」，朱註曰：「形者，積中而發外，著則又加顯矣」〔註14〕，「形」可理解為表現，這是連着「誠」來說的一種真實無妄的表現，「著」是彰明昭著，朱子以「顯」來表示亦可，簡言之，是藉着「心體」來彰顯這個「性體」之意。

按以下一段文字即凸顯「以心著性」義：

> 獨是虛位，從性體看來，則曰莫見莫隱，是思慮未起，鬼神莫知時也。從心體看來，則曰十目十手，是思慮既起，吾心獨知時也。然性體即在心體中看出。〔註15〕

「莫見莫隱」出於《中庸》首章：「是故，君子戒慎乎其所不睹，恐懼乎其所不聞。莫見乎隱，莫顯乎微，故君子慎其獨也」，這是描述見隱顯微皆融於性體的重要話語，宗周名此為「思慮未起，鬼神莫知時」。「性體」既有此本質，君子則需戒慎恐懼了。至於「心體」，相對言之是有迹可尋的，就像人可見之「十目十手」，是「思慮既起，吾心獨知時」〔案「心體」之著迹由思慮起，但不能視「心體」有經驗義〕。宗周言獨是虛位，不是說「獨」非實體，而是「獨」無一定位，它能從《大學》所言的心體上去看，也能從《中庸》所言的性體上看，為何能作如是觀，宗周曾作解釋，云：

> 「《大學》言心不言性，心外無性也。《中庸》言性不言心，性即心之所以為心也。有說乎？」曰：「善非性乎？天非心乎？故以之歸宗於慎獨，一也。」〔註16〕

〔註13〕戴璉璋、吳光主編：《劉宗周全集（二）》，頁448。

〔註14〕朱熹：《四書集註》，〈中庸〉（香港：太平書局，1982年），頁21。

〔註15〕戴璉璋、吳光主編：《劉宗周全集（二）》，頁448。

〔註16〕戴璉璋、吳光主編：《劉宗周全集（二）》，頁540。

　　宗周肯認《大學》言心不言性，因他要以最微之意根為首出，意為心之所存，在此定其為「心宗」，即以「心體」為其宗旨，但「心外無性」，心、性是一；《中庸》言性不言心，其故是「性即心之所以為心」，宗周在此定其為「性宗」，但言心言性最後仍是歸宗於慎獨，故能得出「性體即在心體中看出」此總結語，其標示「心體」與「性體」的一重特殊關係，即性體的本質內容（性善）可藉心體而呈現，而且心體（天心）足以葆荏之，我們就在這裏看出「以心著性」的意涵。

　　牟宗三先生在此處看出宗周視「心」為一主觀性原則，「性」是客觀性原則，以二者之形著關係來挺立吾人整個的德性生命，牟宗三先生有兩段話語可茲說明，云：

> 依《中庸》，不睹不聞而莫見莫顯的隱微之體是就天命之性這性體說。這性體是客觀地形式地說的性體。如果這性體就是那於穆不已之體之具于個體，則還是只有形式的意義。這是《中庸》一路之存有論地說的性體。若順孟子一路之心學之道德實踐地說，這個性體就是本心，就是良知。〔註17〕

> ……我相信胡五峰與劉蕺山底義理間架可更有其優越性與凝斂性，因為它保持了性天底超越性——這是儒家底古義，老傳統，不容易輕忽的。（……心是主觀地說者，性是客觀地說者。但如此說的性亦只有客觀而形式的意義。其具體而真實的意義全在心處見。故自孟子即以心言性。……）〔註18〕

　　宗周借《中庸》的「獨」凸出「道體」的隱微，就算吾人率性，這個「性體」的客觀的、形式的性格仍存在，宗周深明要保住「性體」這種超越性的同時，亦要將其主觀的、具體的真實性呈現，才能保障德性生命之首出地位，這樣，具體而真實的意義便靠孟子的本心、王陽明的良知來成全，牟宗三先生定此為主觀地說的「心」，而宗周整個學問方向，也是朝着融合此主、客觀面為一而發展。所以，我們不能說宗周肯認了「天命之性」後，「心體」的地位便滑落了。牟宗三先生相信宗周系統的義理可更有其優越性，因為性、天的超越性使吾人有一肅然敬畏之意，所以宗周先設性天之尊來凸顯這種意義，至於凝斂性，是由外向內密收，是「獨體」的本質，「慎獨」即成定盤針，指

〔註17〕牟宗三：《從陸象山到劉蕺山》（臺灣：學生書局，1979年8月初版），頁354。
〔註18〕牟宗三：《從陸象山到劉蕺山》，頁358。

向一圓滿的德性生命。

要認清「心體」與「性體」的形著關係，還可借助「形上」、「形下」兩個觀點，宗周於〈學言上〉有云：

> 《大學》言心到極至處，便是盡性之功，故其要歸之慎獨。《中庸》言性到極至處，只是盡心之功，故其要亦歸之慎獨。獨一也，形而上者謂之性，形而下者謂之心。〔註19〕

有關盡性與盡心之功，顯示宗周由《大學》及《中庸》兩部經典中，看出兩個途徑，它們均可直達儒者成聖之理境，一是由「心體」講，一是由「性體」講，這也是分判心宗與性宗的根據。我們首先從：「獨一也，形而上者謂之性，形而下者謂之心」去理解，牟宗三先生曾就此作過探研：

> 案此言形而下與普通所意謂者不同。形而下猶言形而後或有生而後，即「心圈於形」之意。此與由「後天之易」說心體同。與朱子所說形而下者指氣言不同也。性是形而上者，此與由「先天之易」說性體同。〔註20〕

牟先生的案語帶出了兩個觀點，即「後天之易」與「先天之易」。牟宗三先生借用宗周的〈易衍〉，說明了它們的意涵：

> 君子仰觀於天，而得先天之《易》焉。「維天之命，於穆不已，蓋曰天之所以為天也。」「是故君子戒慎乎其所不睹，恐懼乎其所不聞」，此慎獨之說也。至哉獨乎！隱乎！微乎！穆穆乎不已者乎！蓋曰心之所以為心也，則心一天也。〔註21〕

> 君子俯察於地，而得後天之《易》焉。夫性，本天者也。心，本人者也。天非人不盡，性非心不體也。心也者，覺而已矣。覺故能照，照心嘗寂而嘗感，感之以可喜而喜，感之以可怒而怒，其大端也。〔註22〕

有關以上兩段引文，牟先生略析其意如下：

> ……於獨時呈現性體，故此性體亦曰「獨體」。此性體以「維天之命於穆不已」來規定，「至哉獨乎！隱乎！微乎！穆穆乎不已者乎！」

〔註19〕戴璉璋、吳光主編：《劉宗周全集（二）》，頁458。
〔註20〕牟宗三：《從陸象山到劉蕺山》，頁508。
〔註21〕戴璉璋、吳光主編：《劉宗周全集（二）》，頁160。
〔註22〕戴璉璋、吳光主編：《劉宗周全集（二）》，頁160～161。

《中庸》說此為「天之所以為天」。統天地萬物而言曰「天」，即道體也，即創造的實體也，吾亦名之曰「創造性之自己」。對個體而言，則曰性體。性體與道體，立名之分際有異，而其內容的意義則一也。說「性體」，乃自其為固有而無假於外鑠，為自然而定然者……「先天之易」從「天命不已」處說起，是超越地客觀地言之，由之以言道體性體也。性體本天，即本乎其自然而定然如此而無增損於人為者也。人為雖不能增損之，然而卻可以盡而體之。盡而體之者是心，故「心本人者也」……說「後天」只表示心之自覺活動之能是「囿於形」者，是後於個體之形成而彰其用者，然而其好善惡惡之意與知善知惡之知（良知）本身卻是超越的，形而上的，並非是經驗的或感性的或形而下的。〔註23〕

　　牟先生統合宗周的〈學言〉及〈易衍〉，說明了性體與道體的內容意義是相同的，「先天之易」就在這處說，證成「性體」本天，是超越的、客觀的，亦本乎其自然而定然如此而無增損於人為；另一方面，「後天之易」從心之自覺活動之「能」處說，即「覺」，它是「囿於形」後才有顯相，才有作用。牟先生作如是觀，是想判分清楚，「性體」雖本乎其自然而定然如此（「夫性，本天者也」），有其超越的、客觀的根據，即「形而上者謂之性」的確義，但人能盡而體之（「天非人不盡」），這種能力即孟子的「擴而充之」、程明道的「能推」，最重要的是，要認清是由「人心」盡而體之（「心，本人者也」），即「言性到極至處只是盡心之功」。同理，「言心到極至處便是盡性之功」一句，是說明了全因「性體」是超越的、客觀的，保障了「心」的「覺」絕不會下陷於經驗界（「性非心不體」），而且是一種良知良能，因此，我們確定「形而下者謂之心」，只是針對「心」是後於個體的形成才起動這一點來說，但「心」的「覺」能卻仍是形上的，不過值得注意的是，「心」於個體而言，它是內在於「人」的、是主觀的根據。

　　牟宗三先生的闡釋，有其合理性，以下的兩點可作佐證：

1. 根據宗周所言的「盡性」及「盡心」來看，其要歸於慎獨。「獨」既如前述能起用，亦有實體義，那麼盡的這個「性」與「心」，應放在同一的系統來看，即儒家的道德形上系統，牟先生評朱子以「氣」來解「形而下者」不切「後天之易」的「心」義，是十分恰當的理解。

〔註23〕牟宗三：《從陸象山到劉蕺山》，頁 489～492。

2. 根據文獻：

> 或問《中庸》首章大旨。先生曰：盈天地間皆道也，而統之不外乎
> 人心。人之所以為心者，性而已矣。以其出於固有而無假於外鑠也，
> 故表之為「天命」，云：「維天之命，於穆不已，天之所以為天也。」
> 天即理之別名，此理生生不已處即是命。〔註24〕

以上引文曾在上文出現，是宗周的《中庸首章說》提綱部分，義理完備，
它清楚的說明了道、心、性及天命，它們在宗周的系統中是環環相扣的，尤
其是：「人之所以為心者，性而已矣。以其出於固有而無假於外鑠也」，給予
了「心」、「性」最好的定位，牟宗三先生因此認定：『……說「後天」只表示
心之自覺活動之能是「囿於形」者，是後於個體之形成而彰其用者，然而其
好善惡惡之意與知善知惡之知（良知）本身卻是超越的，形而上的，並非是
經驗的或感性的或形而下的。』〔註25〕的說法，亦總括此為「以心著性」。

我們可再借牟宗三先生的另一段分析語，明「性非心不體」所構成的形
著關係的義蘊：

> ……「天非人不盡，性非心不體。」盡者充盡而實現之之謂，體者
> 體驗體現而體證之之謂。「天非人不盡」者，意即天若離開人能即無
> 以充盡而實現之者。「性非心不體」者，意即性體若離開心體即無以
> 體驗體現而體證之者。體證之即所以彰著之。是則心與性之關係乃
> 是一形著之關係，亦是一自覺與超自覺之關係。自形著關係言，則
> 性體之具體而真實的內容與意義盡在心體中見，心體即足以彰著
> 之。若非然者，則性體即只有客觀而形式的意義，其具體而真實的
> 意義不可見。〔註26〕

藉「盡」與「體」來保障「心」與「性」這種形著關係，道德踐履可有其
絕對的普遍必然性，宗周這種肯認可謂若合符節。

我們有了上述定案後，便回看「獨一也，形而上者謂之性，形而下者謂
之心」整句，如果宗周認為「獨」是一，這個「一」可以是「一體」的意思，
意即形上與形下、性與心均無阻隔，是一整體；同時，也可視作孔子的「吾道
一以貫之」（《論語・里仁》）的「一」，即踐仁的圓熟理境的另一表述。

〔註24〕戴璉璋、吳光主編：《劉宗周全集（二）》，頁350。
〔註25〕牟宗三：《從陸象山到劉蕺山》，頁492。
〔註26〕牟宗三：《從陸象山到劉蕺山》，頁453～454。

以下再擇兩段話，明「以心著性」義，云：

> ……夫性無性也，況可以善意言？……然則性果無性乎？夫性因心
> 而名者也。盈天地間一性也，而在人則專以心言，性者心之性也。
> 心之所同然者理也，生而有此理之謂性，非性為心之理也。如謂心
> 但一物而已，得性之理以貯之而後靈，則心之與性斷然不能為一物
> 矣。〔註27〕

> 人心徑寸耳，而空中四達，有太虛之象。虛故生靈，靈生覺，覺有
> 主，是曰意。此天命之體，而性道教所從出也。〔註28〕

首段引文可視作一論題，其推論結果是：「性因心而名」，很清楚地表
述了「以心著性」的意旨。性之「名」是由心而來，不但如此，性之「實」亦
由此而定。宗周的推論是這樣的，先言「盈天地間一性」，這同於「盈天地間
一氣」的格式，這個天地間的「性」，在吾人來說是「心」，亦即「心之性」。
另一方面，「性」亦是生而有「理」，這個「理」是「心」之所同然者，但不能
說「性」是「心之理」。所以，若「心」是得「性之理」而靈，則「心」「性」
不能是一，而是二，這違背了「盈天地間一性」的大原則。當然，「性者心之
性」是定盤針，若不肯認這個觀點是不能立論的。

「心」既不是得「性之理」而靈，則這種「靈」從何而來？宗周於第二段
引文言「人心徑寸」但有「太虛之象」，就是這一種空中四達的「虛」象生靈，
宗周喜以「虛」字示此意境，如上文「獨是虛位」即是一例。虛故生靈，靈生
覺，覺有主，這就是「意」，亦即宗周言「意」是心之所存的根據〔有關「意
是心之所存」的論述，可參考本文第二、三章〕。宗周再肯定這「人心」是「天
命之體」，回歸《中庸》之「慎獨」方向，說「性」、「道」及「教」皆其所出
者。他於〈學言中〉云：「心生之謂性，心率之謂道，心修之謂教」〔註29〕，
也是「以心著性」的最佳註腳。

那麼從「以心著性」的角度來看，是心尊而性賤呢？抑或相反？宗周於
〈原旨・原性〉一文中云：

> 然則尊心而賤性可乎？夫心囿於形者也。形而上者謂之道，形而
> 下者謂之器也。上下一體而二分，而性若踞於形骸之表，則已分

〔註27〕戴璉璋、吳光主編：《劉宗周全集（二）》，頁328。
〔註28〕戴璉璋、吳光主編：《劉宗周全集（二）》，頁481。
〔註29〕戴璉璋、吳光主編：《劉宗周全集（二）》，頁482。

> 有常尊矣。故將自其分者而觀之，燦然四端，物物一太極；又將
> 自其合者而觀之，渾然一理，統體一太極。此性之所以為上，而
> 心其形之者與。即形而觀，無不上也，離心而觀，上在何所？懸
> 想而已。〔註30〕

　　以上的一段，「心囿於形者」的「心」不是本心，是形下之「器」，形而下
猶言形而後或有生而後，牟宗三先生認為心之自覺活動之能是「囿於形」者，
意思即是後於個體之形成而彰其用，然而其好善惡惡之意與知善知惡之知（良
知）本身仍是超越的、形而上的。心既囿於形，是形而下者，那麼，何者屬形
而上？宗周規定形而上者是「性」，這也是從「性能」處言。既是「天命之性」，
當然不受形骸所限，其恆在「尊」位可以想見，故斷言「性若踞於形骸之表，
則已分有常尊矣」。宗周借用「太極」表「形上之性」的兩個維度，自其分言，
「性體」燦然開出四端〔此「四端」是孟子四端之心的意思，以便表示心、性
不離〕，涵蓋天地宇宙各方之物，故「物物一太極」；自其合言，「性體」只是
一理，故統體一太極。由分、合兩維度來看，這個「太極」均指向「性體」。
從以上分析看來，「性」為形而上之道可以肯定，但宗周據形上、形下的劃分
得出一個肯斷，就是「即形而觀，無不上也」，就是從形下之「心」，可以看出
其形上之理；若果「離心而觀」，則形上之道不知憑藉甚麼來彰顯，在這處，
我們便清楚宗周「以心著性」的立場，非尊心賤性或尊性賤心，而是性體要
「即心」而見，此「心」就算是形而下者，亦有其積極義，這是宗周正視吾人
「囿於形」的限制的明證。

　　總結宗周規定「以心著性」，其目的顯而易見，一方面是使心體之主觀活
動與超越的性體相融，在客觀面得到恆常的貞定，另一方面，就是性體在客
觀的形式中，藉心體而彰著出真實而具體的內容，成一主觀的內在潛存，這
就是「密教」的另一重意指。

第二節　心體與性體的綜和關係

　　宗周的「以心著性」既以人能「盡」而「體」之來完成，本分節即從「即
心」及「離心」兩個角度探討心體與性體的另一重關係——綜和關係。

　　宗周於〈學言中〉有云：

〔註30〕戴璉璋、吳光主編：《劉宗周全集（二）》，頁329。

性情之德，有即心而見者，有離心而見者。即心而言，則寂然不動，感而遂通，當喜而喜，當怒而怒，當哀而哀，當樂而樂，由中導和，有前後際，而實非分為二時。離心而言，則維天于穆，一氣流行，自喜而樂，自樂而怒，自怒而哀，自哀而復喜，由中導和，由顯微際，而亦非截然分為兩在。然即心離心，總見此心之妙，而心之與性不可以分合言也。〔註31〕

上文「性情之德」，其意同於〈學言中〉的：「人有四德，運為喜怒哀樂四氣，而四氣之變又有笑啼哂詈以效其情」〔註32〕及〈讀易圖說〉中的：「人有四氣，喜怒哀樂，中和出焉。其德則謂之仁義禮智信是也」〔註33〕，都是以「喜怒哀樂」（即「仁義禮智信」）等為「德」。整段文字的重點在「即心」及「離心」總見此心之妙，由此證「心」、「性」不可言分合。

我們若要證成此心之妙，需借助性體的「中」與「和」。宗周規定「即心」是「寂然不動，感而遂通」，這是當喜而喜的情狀，雖分前後，但由中導和，即有「當喜」才有「喜」，故這只是描述上的方便，而不是時序上的實事，故「寂」與「感」不是二時。至於「離心」，是自「天命」的一氣流行去說，喜怒哀樂周而復始，即「元亨利貞」之過程，當中仍是由中導和，微、顯互動，故「微」、「顯」不是兩在。既然「寂」與「感」、「微」與「顯」皆由中導和，則「即心」與「離心」亦只是「心宗」、「性宗」的分別說的引申而已。

宗周不但希望以「即心」及「離心」證「心」、「性」不可言分合，而且藉「由中導和」總攬「心」、「性」在主、客觀面所表現的特質為「一」。當吾人藉「寂然不動，感而遂通」之心體確立自己為一德性主體的同時，亦知此德性主體的踐履之能有一超越的根據，因「維天于穆，一氣流行」之故。

唐君毅先生對「即心」及「離心」，有分析云：

……則此所謂即心而見之心，即指于接物而與之相感通之心而言，……此心感通于物，固或當喜而喜、或當怒而怒。然當喜當怒之理，即性也。此是心之順此一一理，以成其次第之感通。故謂之即心見性情。至于當此心不與物接，意念未發之際，此心中自有一喜怒哀樂之純情、純氣之周流，若自有次序，而實終則有始，以互

〔註31〕戴璉璋、吳光主編：《劉宗周全集（二）》，頁487。
〔註32〕戴璉璋、吳光主編：《劉宗周全集（二）》，頁495。
〔註33〕戴璉璋、吳光主編：《劉宗周全集（二）》，頁154。

> 為隱顯，一時俱在。……此所謂離心而見，或自性體看性情之德，
> 唯是指離心之感通于物，而看內在于心之寂然不動中之性情之德，
> 非真不在心也。亦非以此性體與心體，為上下層之二體。〔註34〕

唐君毅先生以「是否接物」來分判「即心」及「離心」，但即心見性情或自性體看性情之德，都不離心、性。以上的分析除了顯示性體與心體不是分屬上、下兩層外，更因「心體」有與其他人、物相接之時，在經驗中有展現，故心、性可說有一綜和的關係。唐君毅先生另有一段文字見此綜和關係，茲擇錄如下：

> 此蕺山之言此心之至虛至寂之中，即有為「意」所貫注之一周流不
> 息，而自中自和之性情理氣，運于於穆，而以「見得此心體之如是，
> 而存得之」為根本之工夫，……此所謂此心體之如是，可由推想以
> 知之，即此宋明儒學所言之心，原是負一切道德責任，而能自改其
> 過惡，以達于至善之心。則此心之體，必至少有一能改其過惡，以
> 實現善之一性一理。因如無此性此理，則一切改過惡以實現善之事，
> 即無可能之根據。〔註35〕

唐君毅先生先由「心」之至虛至寂見「意」之周流不息，再言中、和所表之性情理氣，亦為於穆不已，這是孟子「操得存、舍則亡」的「心體」，其負一切道德責任，即要求有實現善之可能。唐君毅先生再說此「心」能自改其過惡、以達于至善，在這個無限的進程中，此心之體有一性一理在，作為達善的根據。這種表述，是心體與性理融合為一的講法，宗周且以「誠意」及「慎獨」為工夫，於現世中落實此至善，故見心與性的綜和關係。

宗周借《大學》中「心意知物」之意，嚴分「意」與「念」，顯示吾人亦有感性層的身分。同一理路，宗周在分析「心體」時，由於「即心」而見之心，當其接于物而相感通之時，經驗成分被牽引進來，他除了肯定由中導和，以葆荏「心體」的純粹，同時再借用「一氣流行」之具體義，說明「人心」在氣化流行中所受之限制，以釐清「心」在不同分際所具備之內容，避免吾人曲解構成「心病」。

以下有一段話語，可揣摩出「人心」在氣化流行中所受之限制，曰：

〔註34〕唐君毅：《中國哲學原論原教篇（下）》（香港：新亞研究所，1977 年 5 月修訂再版），頁 487。
〔註35〕唐君毅：《中國哲學原論原教篇（下）》，頁 480～481。

人心一氣而已矣，而樞紐至微，繞入麤一二，則樞紐之地霍然散矣。散則浮，有浮氣，因有浮質；有浮質，因有浮性；有浮性，因有浮想。為此四浮，合成妄根；為此一妄，種成萬惡。嗟乎！其所由來者漸矣。〔註36〕

在「盈天地間一氣」中的「氣」是理，指「自然之常則」，宗周這處所言之「人心一氣」，同樣有氣化流行之意，但他肯定此「人心」樞紐至微，其隱微不應沾染任何經驗中的習氣，否則會散失，結果浮氣、浮質、浮性及浮想合成妄根，萬惡亦由此來。宗周認為這種散失已成積習，故有前述「世道之禍釀於人心」之感歎。

在〈證學雜解·解十八〉中，宗周再次慨言云：

人生而有氣質之病也，奚若？曰：氣本於天，親上者也。故或失則浮，浮之變為輕，……。又其變也，為遠人而禽。質本乎地，親下者也。故或失則粗，粗之變為重，……。又其變也，為遠人而禽，亦各從其類也。夫人也而乃禽、乃獸，抑豈天地之初乎？流失之勢，積漸然也。……然則氣質何病？人自病之耳。既病矣，伊何治之？浮者治之以沉，粗者治之以細，更須事事與之對治過。用此工夫既久，便見得此心從氣質託體，實有不囿於氣質者。其為清明而上際，有天道焉；厚重而下凝，有地道焉。立天之道，陰與陽，故運而不息，以陽主之，以陰順之，無有或失之浮者。立地之道，柔與剛，故處而有常，以剛進之，以柔反之，無有或失之粗者。此之謂以心治氣質而氣質化，且以氣質化性而性復其初也。〔註37〕

宗周在上段引文中，對「氣本於天」與「質本乎地」，採一種類比的解說。在這裏，我們很清楚得到幾個訊息，一是宗周肯定吾人有氣質，這是感性層的「我」，這「氣質」由形軀而來，受制於自然之常則。當吾人「心」有散失時，浮氣、浮質、浮性及浮想等妄根固然浮現，同時人也遠離德性之「我」而近「禽」，但吾人近「禽」近「獸」並不是始於天地之初，這「天地」仍是有「常則」的，即「理」，在人處被認許者卻是「性理」，故宗周慨言「夫人也而乃禽、乃獸，抑豈天地之初乎？流失之勢，積漸然也」，這種流失的積習，是「人自病」，不是「氣質」之病。

〔註36〕戴璉璋、吳光主編：《劉宗周全集（二）》，頁514。
〔註37〕戴璉璋、吳光主編：《劉宗周全集（二）》，頁317～318。

　　第二個訊息是「對治工夫」的重要，這是保障「心體」必需之工作，宗周並肯斷用此工夫越久，便能得出以下結論：「此心從氣質託體，實有不囿於氣質者」。「氣質」只是一託體，「心」實可不被拘限於此，由此對治工夫，「天」與「地」皆可真正建立出「天道」及「地道」，確認這個「道」即吾人所重之「性理」，吾人才能遠禽獸而更近德性層的「我」。

　　第三個訊息是：「心」實有不囿於氣質者，所指的「心」，應是唐君毅先生所言：「能負一切道德責任，而能自改其過惡，以達于至善之心」〔註38〕者，能達至無有或失之浮粗者，最後得：「以心治氣質而氣質化，且以氣質化性而性復其初」。以「心」治氣質而氣質化，這是「心」之功，「心」是一道德實體無異，氣質化而性復其初，吾人之「初性」不是形軀的自然性，而是吾人分定的德性。

　　綜合以上分析，宗周是非常清晰的分判吾人之「心」實有三層，一是在氣化流行中之「心」，有機會入麤；一是至微之「心」，是寂然不動、感而遂通者；一是能治氣質之「心」，是一道德實體，即體起用。但這裏要關注幾點，首先這三層不是割裂者，而是同一個「心」。其次，這三層亦無先後優劣之別，而是在不同分際所言的「心」的特徵。最後，即體起用的「心」才是吾人所應執持者。

　　宗周亦稱吾人所應執持的「心」為本心，其意同於孟子的「本心」，他於〈改過說一〉云：

> 天命流行，物與無妄，人得之以為心，是為本心，何過之有？惟是氣機乘除之際，有不能無過不及之差者。有過而後有不及，雖不及，亦過也。過也，而妄乘之，為厥心病矣。乃其造端甚微，去無過之地，所爭不能毫釐，而其究甚大。……是以君子慎防其微也。〔註39〕

　　「天命流行，物與無妄」的「物」，與「盈天地間，一氣也。氣即理也，天得之以為天，地得之以為地，人物得之以為人物，一也」〔註40〕中的天、地、人物實表徵同一個意義，都是藉「天命流行」賦得一「理」，而且這是一實然之理，故無妄，在吾人方面來說，這個「理」是「心」，亦即「本心」。在「本心」而言，它是實然之理，但因在氣化流行之中呈現，故顯出有過、

〔註38〕唐君毅：《中國哲學原論原教篇（下）》，頁481。
〔註39〕戴璉璋、吳光主編：《劉宗周全集（二）》，頁20。
〔註40〕戴璉璋、吳光主編：《劉宗周全集（二）》，頁480。

不及等差別，這時「妄」就出現，是謂「心病」。宗周深明「心」之端甚微，故要去除「過」、「不及」是絲毫都不能有偏差的，這就是「密教」要慎獨的主因。

宗周就「心」與「性」的綜和關係，識別出「心病」皆因「妄」。要治心病，他特地指出「妄」依「真」而立而行，故此要確定「真」是踐德的源頭，相較宋儒，這無異是一個獨創的觀點。他在〈證學雜解〉中再云：

> 天命流行，物與無妄，此為「人生而靜」以上不容說也。此處并難
> 著「誠」字，或「妄」焉亦不容說。妄者，真之似者也。古人惡似
> 是而非。似者，非之微者也。道心惟微，妄即依焉，依真而立，即
> 托真而行。……則一真既立，群妄皆消。即妄求真，無妄非真。以
> 心還心，以聰明還耳目，以恭重還四體，以道德性命還其固然，以
> 上天下地往古來今還宇宙，而吾乃儼然人還其人，自此一了百
> 當……〔註41〕

就「天命流行，物與無妄」所顯示的「心體」，單視其為一實理，宗周以「人生而靜」表述其特質。至於「人生而靜」以上則不能說「誠」，也不能說「妄」，在這處應指「寂然不動」之狀態，但當這「心體」在「感而遂通」之時，「妄」卻有機會進來。宗周在上列引文特別指點出「妄」是「真之似」，這個「似」是「似是而非」之謂，而這個「非」又很隱微，故古人深惡之。根據《尚書‧大禹謨》云：「人心惟危，道心惟微」〔註42〕，「人心」與「道心」同是一心，宗周就「道心惟微」一語，表示「妄」正正依附「道心」而立而行，「妄」一現，凶險便至，可算「危」矣。

針對上述實況，宗周強調「即妄求真，無妄非真」，只要一「真」立，便無「妄」可言。「真」與「妄」同由心現，道德踐履的艱難由此可見，故宗周總結云：「以心還心，以聰明還耳目，以恭重還四體，以道德性命還其固然，以上天下地往古來今還宇宙，而吾乃儼然人還其人」，能以「真」還心、性與天地之本然面目，實即貫注一道德意義在其中，尤其是「以道德性命還其固然」一句，當中的「固然」，即孟子「分定固也」的性。吾人若一了百當，德性之我便即時浮顯了。宗周據此意著〈人譜〉，內含諸篇，條目分明地指示此一「真」，本文稍後篇幅將會詳析。

〔註41〕戴璉璋、吳光主編：《劉宗周全集（二）》，頁305～306。
〔註42〕〔清〕阮元主持：《十三經注疏（上）》，頁136。

第三節 「心體」之顯教歸於「性體」的密教

一、盡心與知性

王陽明顯教的特徵，最重要的一點是表現在「良知」的一體呈現處，於〈傳習錄〉，王陽明云：

> 可知充天塞地中間，只有這箇靈明。人只為形體自間隔了。我的靈明，便是天、地、鬼、神的主宰。天沒有我的靈明，誰去仰他高？地沒有我的靈明，誰去俯他深？鬼、神沒有我的靈明，誰去辯他吉、凶、災、祥？天、地、鬼、神、萬物，離卻我的靈明，便沒有天、地、鬼、神、萬物了；我的靈明，離卻天、地、鬼、神、萬物，亦沒有我的靈明。如此，便是一氣流通的，如何與他間隔得？〔註43〕

王陽明所說之「靈明」即良知、即一氣流通的本心，與天、地、鬼、神、萬物同參，而這個「靈明」與宗周言「盈天地間，一氣也」(〈學言中〉)的理路不同，後者引申言「氣即理」(此部分可參考第四章第四節有關性體開出的「理」與「氣」的分析)。牟宗三先生有兩段話，首先評此「靈明」為一心之伸展，其次判採此路頭所牽引出的問題，其分析如下：

> ……象山、陽明則純是孟子學，純是一心之申展。此心即性，此心即天。如果要說天命實體，此心即是天命實體。象山云：「萬物森然于方寸之中，滿心而發，充塞宇宙，無非斯理」。陽明云：「充天塞地中間、只有這個靈明。……他的天地萬物尚在何處」？(《傳習錄》卷三)。此便是一心之申展，一心之涵蓋、一心之遍潤。自道德自覺上道德實踐地所體證的本心、所擴充推致之良知靈明頓時即普而為本體宇宙論的實體，道德實踐地言之者頓時即普而為存有論地言之者。惟不先客觀地言一「於穆不已」之實體而已。〔註44〕

牟宗三先生評王陽明自道德實踐所體證的本心，一推即普而為本體宇宙論的實體，當中並無一客觀的「於穆不已」的道德實體作為根據，此評恰當，茲再引〈傳習錄〉中兩段話語證明：

> 人心是天、淵。心之本體無所不該，原是一箇天，只為私欲障礙，則天之本體失了；心之理無窮盡，原是一箇淵，只為私欲窒塞，則

〔註43〕葉紹鈞點註：《傳習錄》，頁273。
〔註44〕牟宗三：《心體與性體（一）》，（臺北：正中書局，1968年初版），頁32。

淵之本體失了。如今念念致良知，將此障礙窒塞一齊去盡，則本體
已復，便是天、淵了。〔註45〕

「先天而天弗違」，天即良知也。「後天而奉天時」，良知即天也。
〔註46〕

　　人心是天、淵，心體即道體，「致良知」將障礙窒塞去盡，此便是由道德
實踐所體證的「心之本體」，一翻上去而成「天之本體」，換言之，「道體」由
主觀面之「心體」開出。至於王陽明藉「先天而天弗違，後天而奉天時」說良
知與天的關係，只是借先天、後天均是由吾人本心所敬侍，而言良知與天是
一而二、二而一者，當中並無涉及客觀面的道體。

　　如缺客觀面的道體，此「一心之朗現」，其價值落在何處？會牽引出何種
問題？牟宗三先生判曰：

> 象山與陽明既只是一心之朗現，一心之申展，一心之遍潤，故對于
> 客觀地自「於穆不已」之體言道體性體者無甚興趣，對於自客觀面
> 根據「於穆不已」之體而有本體宇宙論的展示者尤無多大興趣。此
> 方面之功力學力皆差。雖其一心之遍潤，充其極，已申展至此境，
> 此亦是一圓滿，但卻是純從主觀面申展之圓滿，客觀面究不甚能挺
> 立，不免使人有虛歉之感。〔註47〕

　　一心之朗現、申展與遍潤所達致的是主觀面之圓滿，在道德實踐的境界
來說，固對吾人彌足珍貴，但不關涉任何客觀面的超越根據，則無論是在一
論說系統、或具體實踐上，對建構一套圓滿的道德哲學還是不足的，當我們
回顧孔子將存有問題在踐履中默識契應時（即「下學而上達，知我者其天乎」
《論語·憲問》），對於「天」之莊嚴敬畏乃一道德感的具體表現，而「天」作
為一客觀面的超越根據，其角色不能厥如也是肯定的。所以王陽明之顯教，
其「顯」在「一心之朗現」而毫無隱藏，而「虛歉」也在這一顯即現中見其背
後無任何根據。

　　宗周所要補足的，即在尋回並充實此客觀面的超越根據，以上所肯認的
「心、性是一」乃奠基石，再來是向「心、性、天是一」的形上層推進，這是
系統上，也是實踐上的需求。宗周就「心、性、天是一」的論述，直以孟子的

〔註45〕葉紹鈞點註：《傳習錄》，頁205。
〔註46〕葉紹鈞點註：《傳習錄》，頁241。
〔註47〕牟宗三：《心體與性體（一）》，頁47～48。

「盡其心者,知其性也,知其性則知天矣」〔註48〕為基調。本分節即先言盡心與知性,然後再分析在道德踐履上,心、性、天乃是同一事之原由,如此,宗周才能將「心體」之顯教歸於「性體」的密教。

宗周在〈學言上〉有兩段說「盡心」者,云:

> 事心之功,經前輩許多方便法門,苦難締當,借徑著話,伎倆愈下矣,總不如孟子一句道破,曰「心之官則思」。如為官者問及職掌何在,則有此官,便有此職掌。一事事不容躲閃,而其工夫亦自不難。〔註49〕

> 「心之官則思」,「思曰睿,睿作聖。」性之德曰誠,「誠者不勉而中,不思而得,從容中道,聖人也。」此心性之辨也,故學始於思,而達於不思而得。又曰:「誠者,天之道也;思誠者,人之道也。」〔註50〕

「事心之功」即「盡心」之功,宗周慨歎雖經前輩諸多探索,但伎倆愈下,故原本反始,就孟子一句「心之官則思」道盡「盡心」之功。宗周之意重在「心」之「官」義,即心「職掌」了「思」這個功能,既然心早有「思」之能,故吾人要「與心以權」,不要事事躲閃,則「盡心」之功亦自不難完成。

宗周不斷反芻前儒之言,除了孟子的「心之官則思」,他又借《書經‧洪範》的「思曰睿,睿作聖」,示「思」能顯心之用之餘,更能凸出一道德價值來。這個「聖」義同於前述周濂溪的「誠、神、幾曰聖人」。

宗周除了發揚周濂溪的「聖」義,他又從《中庸》諸章節中吸取養分,助長這「盡心」之功,包括直接引述《中庸》或借助某章節補充己意,以下即據第二段引文作綜論:

「唯天下至聖,為能聰明睿知」(《中庸》第三十一章)其意通於「思曰睿,睿作聖」,聰明睿知即「思」,是宗周並列「心之官則思」與「思曰睿,睿作聖」兩句來看的根據,除了採先儒的觀點顯示自己的立場源來有自外,宗周還希望藉「思」作為「心之官」的表現,說明能「盡心」者是天下至聖;

其次,宗周借「成己,仁也;成物,知也;性之德也,合內外之道也,故時措之宜也。(《中庸》第二十五章)說「性之德」。所謂「成己仁也」,意指

〔註48〕朱熹:《四書集註》,頁187。
〔註49〕戴璉璋、吳光主編:《劉宗周全集(二)》,頁448。
〔註50〕戴璉璋、吳光主編:《劉宗周全集(二)》,頁448。

「成就自己乃仁道的表現」；而「成物知也」，這個「知」是「智」，意指「能成存物是智的作用」。這裏的仁與智同是「性」中本有的德，所以宗周肯定這是「性之德」；

至於宗周總結「性之德」亦可說為「誠」，是因為「誠者，不勉而中，不思而得，從容中道，聖人也」（《中庸》第二十章），誠者乃聖人之別稱。又因「誠」與「思」於內容上有不同的聚焦，前者是「不勉而中，不思而得」者，故宗周借此分辨心、性之能，即由「心」之思到「性」的不思而得，實為學之始終過程，我們於當中亦不能割裂心、性為二；

最後是「誠者，天之道也；思誠者，人之道也」諸句，根據「誠者，天之道也；誠之者，人之道也」（《中庸》第二十章），「思誠者」與「誠之者」應同是「人之道」，宗周在此亦是辨心、性，但心、性不是二，蓋同是以呈現「誠體」為目的，而天道、人道同是「一」，因兩者同樣以「誠」為其「體」，這種「體用相即」的表述，正好證立「心、性、天是一」這個結論。

君子學「與心以權」，「盡心」是何等重要，但在〈答葉潤山民部〉一文中，就葉廷秀之問，宗周又說「學莫先於知性」，云：

> 學莫先於知性，只為「天命之謂性」一句，早已看錯了，天人杳不相屬，性命仍是二理。今曰「天命謂性」，而不曰「天命為性」，斷然是一不是二。然則天豈外人乎？而命豈外於吾心乎？故曰：「盡其心者，知其性也；知其性，則知天矣。」故言性而不要諸天，性無是處；言天而不要諸心，天無是處。〔註51〕

宗周認為「學」的第一課題是「知性」，原因是「天」與「人」被誤解為不相屬者，而「性」與「命」又被視作截然不同的兩種「理」，因此，宗周評斷「天命之謂性」一句早被看錯，若解作「天命為性」，據語意則是以「天命」作為吾人之「性」，「天命」與「性」猶是兩重，確解應是「天命謂性」，「天命」就是「性」，二者是一。宗周再推進一步，以「天」不外於「人」，「命」不外於吾心，點示孟子的「盡心知性知天」義，此點示是否成立，將於稍後詳解，但宗周的結論：「言性而不要諸天，性無是處；言天而不要諸心，天無是處」卻是一實理，因為若不落在「天」來言「性體」，則缺客觀性原則的支持，故「天」不外於「人」；而不落在「心體」言「天」，「天」也只是一氣化之自然，故「命」不外於吾心，這是主觀性原則的確立，可見宗周是貫通心、性、

〔註51〕戴璉璋、吳光主編：《劉宗周全集（二）》，頁386。

天、天命為一去理解，所以說「學莫先於知性」，不能按字義譯作一定要先學「知性」，「盡心」要退居在後，理應視為同時並舉較恰當。

二、「心、性、天」是一的密教

上文曾提及宗周是按孟子「盡其心者，知其性也，知其性則知天焉」(〈盡心上〉)為藍圖而說心、性、天是一，以下即先據楊祖漢先生分析孟子之言來開展問題，云：

> 仁義禮智之道德之性，即在惻隱羞惡之心中見，故曰盡心知性，離開了盡心之活動，性之內容亦無由而顯，而人亦不能明悟他是以仁義禮智為其性的。……但當吾人真正在從事於德性之實踐時，吾人會自覺到，人所求實踐之仁義，是吾人之心所自然順遂地流露出來的，這是實踐地證知，只有在竭力求盡己之心，求踐德時，吾人方可見道德之性為人所固有。故這是主體性的真理，即真理是在真正的生命主體呈現中呈現。只有在人求盡其所當盡之心情底下，方可見此真實的人性，方會證悟此時之我為真正之我。若視之為一客觀之認知對象，則你便不會見到此真性，因此真性永遠只能是以一主體之身份而呈現，而不能推出去而為一客體。故孟子所言之盡心知性，正是知性是唯一路子，而知性同時是知天……故孟子之言盡心，是要人直下的往盡，直下的本此心以擴而充之，只要吾人能正視此心，從物欲中超拔出來，而求盡之，則吾人之本心便會無窮無盡……〔註52〕

楊祖漢先生分析孟子之盡心、知性，其要有三：一為仁義禮智之道德之性，在惻隱羞惡之心中見，故性之內容藉盡心之活動而顯；二是當吾人真正踐履時，可證知竭力求盡己之心，即吾人之道德性，這也是人所固有的性；其三為孟子之「盡心」的盡是「直下的往盡」，正因本心不斷擴充而呈現一無窮無盡的進程。

以上的第一個要點：德性之內容藉盡心之活動而顯，是「盡心」與「知性」在「學」上應同時並舉的明證；至於「實踐地證知」的意思，考之宗周的文獻，於〈學言下〉亦有此義：

〔註52〕楊祖漢：《中庸義理疏解》，(臺北：鵝湖出版社，1997年3月修訂3版)，頁48～49。

知在善不善之先，故能使善端充長，而惡自不起。若知在善不善之後，無論知不善無救於短長，勢必至遂非文過，即知善，反多此一知，雖善亦惡。今人非全不知，只是稍後耳，視聖人霄壤。知只是良知，而先後之間，所爭致與不致耳。〔註53〕

宗周的「知」是在善、不善之先，這不是單純地指發生的先後，而是根源上的先在，有這個「知」作為根據，則能助長善端，惡自然不能生起，若「知」在善不善之後，則「知不善」無實質助益，「知善」又是「良知」之外多立一知，有架床疊屋之嫌，故宗周採納之「知」應同於《中庸》第二十四章：「至誠之道，可以前知……禍福將至，善，必先知之，不善，必先知之；故至誠如神。」中的「前知」。在《中庸》原文看來，雖有卜筮之意，但重點落在誰人能前知這至誠之道？周濂溪在《通書‧聖第四》中所言的「誠、神、幾，曰聖人」的聖人即有此能，因聖人能知幾，在他的神感神應中接通天地萬物，呈現出一個真實無妄的「理」來，故此，這個「知」不會是認知上的「知」，而是道德實踐上之事，可定此為「實踐上的知」，當然，要嚴格地分析這個「實踐上的知」，它還是有三個面相，包括：先驗的純粹性形式〔作為一指導性原則〕、可以在經驗中實踐的實在性理念〔有內容的〕，以及在經驗界真正具體落實後的表象〔有各種對應的對象〕。宗周的「知性」肯定有前兩種的意涵，若「知在善不善之先」，因此能使善端充長，而惡自不起，這無異是說「知」是一指導性的道德法則，它能助長吾人在實踐上呈現「善」，由此「惡」不能生起，這是在實踐上應然會出現的內容，有一主觀的實在性。

至於楊祖漢先生分析的第三個要點：「直下的往盡」義，宗周亦有繼承之，他曾云：

學莫要於知性，知性則能知此身之所以始與其所以終，時時庶有立地；知性則能知萬物之所自始與其所自終，處處總屬當身。〔註54〕

以上一段文章曾被引錄，宗周強調學應有方（即工夫），而「學」的重點是要知「性」，因為知性才能知此身之所以始與其所以終，「身」的意思是吾人之德性生命，這是從「立地」反推得來的意思，因為個人有立足之地〔這是圖象式的象徵語〕，才能有一「有始有終」的真生命，這「真生命」當然是吾人之德性生命，所「知」的這個性當然是吾人的道德性。但在這裏可補充多

<hr />

〔註53〕戴璉璋、吳光主編：《劉宗周全集（二）》，頁540～541。
〔註54〕戴璉璋、吳光主編：《劉宗周全集（二）》，頁443。

一個意思，就是當知這個性體後，吾人之形軀雖仍受自然之常的侷限，但已肯定有可向上翻至人性之常處的能力，這同於《中庸》第二十五章：「誠者，物之終始；不誠，無物，是故君子誠之為貴」中的「誠」的作用，由此亦可肯斷吾人有德性層的身分。至於宗周下接「知性則能知萬物之所自始與其所自終，處處總屬當身」兩句，這就是吾人與萬物相感通，物之始終亦可安頓，且能收攝入吾身，「處處總屬當身」即「萬物皆備於我」之意，亦如楊祖漢先生所言：「直下的本此心以擴而充之，只要吾人能正視此心，從物欲中超拔出來，而求盡之，則吾人之本心便會無窮無盡」，這無窮無盡的本心遍潤萬物，「盡心」之道德嚴整性可見，宗周能遙契孟子的精神亦由此肯定。

宗周另有一段話，亦有以上所言的意思，云：

> 「國家將興，必有禎祥；國家將亡，必有妖孽。」此興亡之先兆也。蓋人心亦有兆焉，方一念未起之先，而時操之以戒懼，即與之一立立定，不至有岐路相疑之地，則此心有善而無惡。即有介不善於善中，而吾且擇之精，而守之一，若明鏡當空，不能眩我以妍媸。所謂善必先知之，不善必先知之。吾之言致知之學者如是。〔註55〕

「國家將興」諸句喻興亡之先兆，出於《中庸》第二十四章章首，列於「善，必先知之，不善，必先知之」諸句之先，宗周借此托言人心亦有先兆，故在一念未起之先而戒懼，「先知」是吾人本具者，若戒慎恐懼即可立定，由於人有立足點，便不會誤入岐路，這就是「慎獨」及「惟精惟一」之功，宗周也據此來肯定「知在善不善之先」，若不如此疏解，「盡心」與「知性」是很難在道德踐履上有出路的。

就「知性則能知此身之所以始與其所以終」與「知性則能知萬物之所自始與其所自終」兩句，明顯看出宗周的「盡心」與「知性」最後必與「知天」相通，所謂心、性、天是一，不是獨立的三者融合為一，而是三者同為一事，即同是道德踐履範疇之事，所以「盡」與「知」不是從概念的分析而來，而是藉實踐證知，所以由心體的圓滿〔盡心〕證知吾人具固有的道德性〔知性〕，這便有絕對的、普遍的意涵了，我們就用「天」或「天命」來表述〔知天〕。本文曾引的〈中庸首章說〉首節：「盈天地間皆道也。而統之不外乎人心。人之所以為心者，性而已矣。以其出於固有而無假於外鑠，故表之為天命云。『維天之命，於穆不已』，天之所以為天也，天即理之別名。此理生生不已處，

〔註55〕戴璉璋、吳光主編：《劉宗周全集（二）》，頁541。

即是命」〔此章節之詳解可參考本文第四章 第一節〕，即完整地表示出宗周擁有這種形上思維，視心、性、天、理、天命為同一。

北宋程明道曾云：「只心便是天，盡之便知性，知性便知天，當處便認取，更不可外求。」〔註56〕其中把天視作生道、生德，天「於穆不已」，心「純亦不已」，由於其本質內容意義當下通而為一，故不說「以心知天」，避免心、天為相對之二名，直說「只心便是天」，即心即天，此可謂盡得孟子「盡心知性知天」義，至於「當處便認取，更不可外求」便是「求在我者」的「反己工夫」，亦即宗周的「反之知」，前聖後賢遙契之證據在此。因此，孟子言「性」是涵有宇宙及形而上意味應該被肯認，而牟宗三先生指出孟子的「盡心知性知天」，建構出一套道德的形而上學，這一觀點可替先秦儒學作了一清晰的註腳，以下即據牟宗三先生於《圓善論》中的分析，進一步了解「盡心」與「知性」如何通於「知天」，曰：

> 天之所以有如此之意義，即創生萬物之意義，完全由吾人之道德的創造性之真性而證實。外乎此，我們決不能有別法以證實其為有如此之意義者。是以盡吾人之心即知吾人之性，盡心知性即知天之所以為天。天之所以為天即天命之于穆不已也。天命之于穆不已即天道不已地起作用以妙運萬物而使之有存在也。是以中庸云：「天地之道可一言而盡也，其為物不貳，則其生物不測」，此承天命不已而言者也。此天是一實位字。吾人之所以如此知之，乃完全由吾人之心性而體證其為如此。故此天雖為一實位字，指表一超越的實體，然它卻不是一知識之對象，用康德的詞語說，不是思辨理性所成的知解知識之一對象，而乃是實踐理性上的一個肯定。說上帝創造萬物，這只是宗教家的一個說法而已，說實了，只是對于天地萬物的一個價值的解釋。儒家說天道創生萬物，這也是對于天地萬物所作的道德理性上的價值的解釋，並不是對于道德價值作一存有論的解釋。因此，康德只承認有一道德的神學，而不承認有一神學的道德學。依儒家，只承認有一道德的形上學，而不承認有一形上學的道德學。此義即由孟子盡心知性知天而決定，決無可疑者。〔註57〕

〔註56〕朱熹編，王雲五主編：《河南程氏遺書》，〈遺書第二上〉（臺灣：商務印書館，1974年），頁15。

〔註57〕牟宗三：《圓善論》，（臺北：學生書局，1985年7月），頁133～134。

牟先生的論述清楚地解釋了儒家的學問是一套道德的形而上學,「盡吾人之心即知吾人之性,盡心知性即知天之所以為天」能夠證立,是因為吾人之「心」「性」可以體證「天」作為一超越的實體,並且藉此對天地萬物作一種道德價值的說明。牟先生同時指出《中庸》所言的天道,其為物不貳、生物不測,即是「天命不已」,《孟子》和《中庸》應是一脈相承的學問絕無可疑。宗周即在此吸收養分,成就一密教。

牟宗三先生又曾分析宗周的〈易衍〉,得出第七章顯「性宗之慎獨」,第八章則示「心宗之慎獨」,以下即依次分論宗周如何藉慎獨而說出「心、性、天是一」的密義。

首先,〈易衍〉第七章云:

> 君子仰觀於天而得先天之易焉。維天之命,於穆不已。蓋曰天之所以為天也。是故君子戒慎乎其所不睹,恐懼乎其所不聞,此慎獨之說也。至哉獨乎、隱乎、微乎、穆穆乎不已者乎!蓋曰心之所以為心也。則心,一天也。獨體不息之中,而一元常運,喜怒哀樂四氣周流。存此之謂中,發此之謂和。陰陽之象也。四氣,一陰陽也。陰陽,一獨也。其為物不貳,則其生物也不測。故中為天下之大本,而和為天下之達道。及其至也,察乎天地。至隱至微,至顯至見也。故曰體用一原,顯微無間,君子所以必慎獨也。此性宗也。〔註58〕

以上一段其大意,是表示君子得先天之易,於獨時呈現性體,亦即「獨體」,並以「維天之命於穆不已」來規定,它是隱、微、穆穆乎不已,故證「心之所以為心也。則心,一天也。」心與天是一,由性宗的慎獨證成;又以中和、陰陽說大本達道,至於「為物不貳,則其生物也不測」是心體充盡、性體一體全現的理境的奧密,宗周的結語:「至隱至微,至顯至見也。故曰體用一原,顯微無間」正是密教的總綱。

宗周對這「心,一天也」的至微至密義,另有一精簡的案語,云:

> 此心放逸已久,纔向內,則苦而不甘,忽復去之。總之,不得天理之所安耳。心無內外,其渾然不見內外處,即天理也。先正云:「心有所向,便是欲。」向內向外皆欲也。〔註59〕

〔註58〕戴璉璋、吳光主編:《劉宗周全集(二)》,頁160。
〔註59〕戴璉璋、吳光主編:《劉宗周全集(二)》,頁434。

　　宗周是一個道德意識十分強的儒者，他說「此心放逸已久」，是指吾人多隨情緒、本能之擺佈，讓本心流散，未能凝斂，才要收歸向內又苦不堪言，受不了考驗，只好遽然撒手放棄，宗周一語道破，是吾人缺「天理」，未能安頓，故終究難立定。宗周又進一步強調，這個「天理」不是一個客觀的表象，從外收攝入吾人心內，反之，「天理」就是本心之渾然不見內外處。換言之，心即理，心外無理，但「心」「理」不是二，而是同一事，這同於「心，一天也」，天即天理之別稱，「理」是凸出「天」作為一道德實體本具的法則性。故此，本心一定要「渾然不見內外」，一有徼度便下陷為「欲」，「渾然不見內外」即顯一圓滿無缺、但又無隔相。這樣「渾然不見內外」的本心，當然涵充盡之能，當其充盡，性體亦顯，這就是宗周規定「以心著性」的原因，心、性、天是一又從「渾然不見內外」的本心處證成了。

　　其次，〈易衍〉第八章續云：

> 君子俯察於地，而得後天之易焉。夫性本天者也，心本人者也。天非人不盡，性非心不體。心也者，覺而已矣。覺故能照。照心常寂而常感。……惟君子時發而時止，時返其照心而不逐於惑，得〈易〉之逆數焉。此之謂後天而奉天時，蓋慎獨之實功也。〔註60〕

牟宗三先生曾替上述引文寫下一段案語，曰：

> 此為心宗之慎獨，慎獨之實功。實功在心處作。其要在誠意。此為《大學》之慎獨。先天之易是客觀地言之，言道體性體，道體性體皆天也，故曰「本天」，本乎自然而無增損于人為也。人為雖不足以增損之，然而卻可以盡而體之。盡而體之者是心，故「心本人者也」，言本乎人之自覺活動反顯意知，從事于誠意致知，即彰著（即盡而體）乎性體也。〔註61〕

　　「先天之易」證成「性體」本天，是超越的、客觀的，與道體的本質內容相同，亦本乎其自然而定然如此而無增損於人為；另一方面，「後天之易」從心之自覺活動之「能」處說，即「覺」，它可充盡彰著道體、性體，故「心」本人。宗周認為踐履之實功落在心處作，職是之故，他重新詮釋《大學》的誠意致知，嚴分意與念，向內密收，一層切一層作實功，以此抗衡陽明後學引

〔註60〕戴璉璋、吳光主編：《劉宗周全集（二）》，頁160～161。

〔註61〕牟宗三：《牟宗三先生全集⑧》，〈蕺山全書選錄〉（臺北：聯經出版事業股份有限公司，2003年4月初版），頁30～31。

發的玄蕩問題，這就是心宗之慎獨，其「密義」在此。

綜合〈易衍〉第七與第八章來看，宗周藉心宗與性宗的路向言「慎獨」，達致兩個目的，即：心、性、天是一，吾人可以實現道德，因踐履有一超越的根據（天），但這根據又是從吾人內在的道德心與道德性去證立的，故心、性、天是同一事；以及宗周深刻的體會到，本心呈現是一體充盡，無所虧欠的，但在未顯之際先要作實功。孔子下學上達，孟子盡心知性知天，先聖已啟「學」之端，宗周正是在同一的為學之路上走。

牟宗三先生在〈劉蕺山誠意之學〉一文中，總論宗周之學這種「歸顯於密」的特質，云：

> 《大學》直說心體言誠意慎獨；而《中庸》之言慎獨，則既本乎「天命之謂性」，而又通乎致中和，天地位，萬物育。即，心體、性體並舉。蕺山誠意慎獨之學直本此兩經文而立，既不似朱子之就致知格物而開其道問學之途徑，亦不似陽明之扭轉朱子致知格物之講法而開其致良知之途徑。致良知是由道問學而內轉，而誠意之教則復就致良知之內而益內之，所謂歸顯於密也。歸顯於密，就心體言，是使良知之虛用有收煞，此為「內在之密」，就性體言，則由良知與意所見之心體直透於性體，而益見心體之幽深邃遠，此為「超越之密」。內在之密是內攝，超越之密是上提。內攝而上提，則永絕蕩肆之弊。此蕺山之學在「存在的踐履」中之所深造自得者。〔註62〕

宗周本《大學》《中庸》而言誠意、慎獨，由朱子之道問學到王陽明的良知教，把「良知」的虛用，內而益內地收歸心體，又藉此心體彰著性體，更顯心體幽深邃遠，合此「內在之密」與「超越之密」，使道德踐履有內攝而上提的實感，這些都肯定宗周將「心體」之顯教歸於「性體」的密教，其任務已完成。

〔註62〕牟宗三：《宋明儒學的問題與開展》，〈劉蕺山誠意之學〉（臺北：聯經出版事業股份有限公司，2003年初版），頁303。

第七章 〈人譜〉的踐履造詣境界

第一節 〈人譜正編‧人極圖說〉

一、無善而至善，心之體

宗周以心著性，達致歸顯於密，而最終停在吾人具體的道德踐履上，所以他寫〈人譜〉，在其自序中云：

> 子曰：「道不遠人。人之為道而遠人，不可以為道。」今之言道者，高之或淪於虛無，以為語性而非性也；卑之或出於功利，以為語命而非命也。非性非命，非人也，則皆遠人以為道者也。……予因之有感，特本證人之意，著〈人極圖說〉以示學者。繼之以六事功課，而〈紀過格〉終焉。言過不言功，以遠利也。總題之曰〈人譜〉，以為譜人者莫近於是。學者誠知人之所以為人，而於道亦思過半矣。[註1]

宗周於序文末題下「時崇禎甲戌秋八月閏吉」，這是首訂的時間，據〈劉宗周年譜〉記載：「是月，先生著〈譜人小譜〉，閏八月朔，自序之。此書後改名〈人譜〉，自序亦修改再四，迄乙酉五月，絕食，猶加參訂」[註2]，宗周於晚年寫〈人譜〉，只序文已多次修訂，到絕食階段仍孜孜不倦重寫，可見其重視道德踐履之實功，他所重者是「道不遠人」，可惜宗周所處之世，多有傾向

〔註 1〕戴璉璋、吳光主編：《劉宗周全集（二）》，〈語類一‧人譜〉（臺北：中研院文哲所，1996 年），頁 1～2。

〔註 2〕戴璉璋、吳光主編：《劉宗周全集（五）》，〈劉宗周年譜〉（臺北：中研院文哲所，1996 年），頁 332。

佛老，以虛或無言道之人，無由建立真正的道德性；又有為學宗旨太卑下近功利者，不能立定真實的道德生命，鑑於「非性非命」之說的泛濫，所以宗周仿照周濂溪的〈太極圖〉與〈太極圖說〉來寫〈人極圖〉與〈人極圖說〉，再補加〈證人要旨〉的六事功課、〈紀過格〉、〈訟過法〉及〈改過說〉三篇等凸出「過」以遠利，統合上述各篇而成的〈人譜〉，正是道德踐履所示之最高境界。

〈人極圖說〉乃〈人極圖〉的圖象解說，宗周以「無善而至善，心之體」〔註3〕詮釋周濂溪之「太極」，並定此為「人極」。以下即先述「太極」義，再剖析擴充為「人極」後之道德義。

周濂溪〈太極圖說〉首句：「無極而太極」，牟宗三先生剖析其義曰：

> 依吾觀之，「無極而太極」一語是對于「太極」本身的體會問題，本是一事，加「無極」以形容之，本無不可。太極是正面字眼，無極是負面字眼。似亦可說太極是對于道體之表詮，無極是對于道體之遮詮。太極是實體詞，無極是狀詞，實只是無聲無臭、無形無狀、無方所（神無方）、無定體（易無體）、一無所有之「寂然不動感而遂通」寂感一如之誠體本身，而此即是極至之理，故曰「無極而太極」，此語意不是無極與太極。……「無極而太極」意即「無極之極」，非無極與太極也。而無極亦非沒有太極之意也。無極中之「極」字意許為限定之極，「太極」中之極字是無限定之極。遮彼限定之極而顯其為無限定之極，此即是「太極」，此即是絕對的最後者。此種無極之極亦須曲線地（辯證地詭辭地）由默識其無方所之渾圓而展示其為極至之理。如是，「無極而太極」一語，如譯成完整的語體語句，當為：那無限定的而一無所有者但卻亦即是極至之理。〔註4〕

若據牟宗三先生之意，「無極而太極」可作兩種理解，一是對于「太極」本身的體會問題；一是採「無極」和「太極」對道體作遮詮和表詮，兩者所重均在「太極」，「太極」是實體詞，「無極」是狀詞，本是同一事，所以「無極而太極」實即「無極之極」，無極中之「極」有限定，太極中之「極」無限定。遮彼限定之極而顯其為由默識其無方所之渾圓而展示其為極至之理。

如果我們採納牟宗三先生的觀點，則宗周〈人極圖說〉首兩句：「無善而

〔註3〕戴璉璋、吳光主編：《劉宗周全集（二）》，頁3。

〔註4〕牟宗三：《心體與性體（一）》，（臺北：正中書局，1989年5月臺初版第8次印行），頁358～359。

至善，心之體也」可語釋為：那無限定的善就是極至之理，也即吾人的心體。以上之理解可透過宗周的自注來肯定，其注云：

> ……即周子所謂「太極」。太極本無極也。統三才而言，謂之極；分
> 人極而言，謂之善。其義一也。〔註5〕

宗周以「無善而至善」配言「無極而太極」，則「至善」當指「太極」。「太極本無極」明顯看出宗周以「太極」、「無極」為同一事，則牟宗三先生所言的遮詮和表詮義可成立，如此無善與至善，即是對「至善」之遮詮和表詮了。宗周析「極」義，指統天、地、人三者，故可分言「人極」，此人極亦當為「至善」無可疑，宗周說這就是「心體」，即吾人之本心。其實宗周之「無善而至善，心之體」所指之人極，較之周濂溪的「無極而太極」，當中正多了吾人默識「本心」之為極至之理的道德義。宗周重人極，正正顯示他將道德踐履之工夫密收至吾人之內在，並以此為根。

二、至善之性

宗周肯定人極乃正本達道，於此「心體」開出同為至善之「性」，故在「無善而至善，心之體也」兩句後續云：

> 繼之者善也。
>
> 成之者性也。
>
> 繇是而之焉，達於天下者，道也。放勳曰：「父子有親，君臣有義，
> 夫婦有別，長幼有序，朋友有信。」此五者，五性之所以著也。五
> 性既著，萬化出焉。萬化出焉。萬化既行，萬性正矣。〔註6〕

以上三段說「性」之所以著。「繼之者善也」，「之」承前文應指「道」而言，繼承這個道正是「心體」，故為「至善」，就由這個圓滿至善的「心」成就出、彰著出吾人之德性，故這是達通天下的極至之理，即人極。由父子、君臣、夫婦、長幼與朋友五倫，表現出親、義、別、序與信五種德性之光輝，其彰著潤澤天地，促成化育，萬物皆得各正性命，宗周於注亦云：

> 五性之德，各有專屬，以配水、火、木、金、土。此人道之所以達
> 也。〔註7〕

〔註5〕戴璉璋、吳光主編：《劉宗周全集（二）》，頁3。
〔註6〕戴璉璋、吳光主編：《劉宗周全集（二）》，頁3～4。
〔註7〕戴璉璋、吳光主編：《劉宗周全集（二）》，頁4。

　　五性之德各有專屬，只是象徵其性德通於天地萬物，由此言人道之感通無礙而已，但宗周以心著性之動機在此卻表現無遺，因無此至善之心即無此至善之性，故宗周再詳細論述如何由萬性統言一性之至善，曰：

> 萬性，一性也。性，一至善也。至善，本無善也。無善之真，分為二五，散為萬善。上際為乾，下蟠為坤。乾知大始，吾易知也；坤作成物，吾簡能也。其俯仰於乾坤之內者，皆其與吾之知能者也。〔註8〕

其注曰：

> 乾道成男，即上際之天；乾道成女，即下蟠之地。而萬物之胞與，不言可知矣。〈西銘〉以乾坤為父母，至此以天地為男女，乃見人道之大。〔註9〕

　　所謂「萬性，一性也」，因萬物能各正性命，概由吾人之德性所彰著，故言「一性」，這裏涵有凸出人之尊的意思。至於「性，一至善也。至善，本無善也」是首兩句「無善而至善，心之體」的推展，既然以心著性，性也可說為「無善而至善，性之體」了。接着「無善之真」後諸言，案其注乃闡發「人道」之大的話語。「無善之真，分為二五，散為萬善」，追溯周濂溪的〈太極圖說〉：「陰變陽合，而生水火木金土。五氣順布，四時行焉。……無極之真，二五之精，妙合而凝」〔註10〕，這個「性」由陰、陽的變合〔即：二〕與水火木金土的順布〔即：五〕而散為萬善，即內在的道德性向外感通。宗周並就這感通無礙加多一重意思，就是在「乾道成男，坤道成女」的天地生化的涵義上，以乾的大始和坤的成物，收歸為吾人的「易知」和「簡能」，這是將「外通」向內密收至「內感」，而這個「內感」乃是道德感，「易知」和「簡能」即孟子所言之良知、良能。宗周在注曰：「〈西銘〉以乾坤為父母，至此以天地為男女，乃見人道之大」，明言張橫渠的〈西銘〉以乾坤為父母是始基，而自己以天地為男女，是想證成人道之大，吾人能俯仰於乾坤之內正因有良知、良能，這種講法，可將一生生之理收歸內在以言德性。

　　以上所引〈人極圖說〉數段，已確定宗周是心、性並舉來說天地萬物的生化育成，〈人極圖說〉正是宗周「存在的踐履」的結晶，人道之大亦無從置疑。

〔註8〕戴璉璋、吳光主編：《劉宗周全集（二）》，頁4。
〔註9〕戴璉璋、吳光主編：《劉宗周全集（二）》，頁4。
〔註10〕〔宋〕周敦頤撰，徐洪興導讀：《周子通書》，〈太極圖說〉（上海：上海古籍出版社，2000年12月第1版），頁48。

三、人極之境

〈人極圖說〉篇末數段之重點，乃在表述如何達致人極之境界，原文云：

> 大哉人乎！無知而無不知，無能而無不能，其惟心之所為乎！《易》
> 曰：「天下何思何慮？天下同歸而殊塗，一致而百慮。天下何思何
> 慮！」〔註11〕

此段注云：

> 無知之知，不慮而知。無能之能，不學而能。是之謂無善之善。〔註12〕

吾人之易知、簡能是由「心」所為，宗周沿用「無善而至善」之句式及語意，說這個知是「無知而無不知」，即不慮而知的「良知」；這個能是「無能而無不能」，即不學而能的「良能」，既由心為，故無知之知、無能之能均為無善之善，同是極至之理，天下之道在「何思何慮」之心。吾人存此知、此能即可為君子，故〈人極圖說〉最末段說一真正踐履工夫。

末段曰：

> 君子存之，善莫積焉；小人去之，過莫加焉。吉凶悔吝，惟所感也。
> 積善積不善，人禽之路也。知其不善，以改於善。始於有善，終於
> 無不善。其道至善，其要無咎。所以盡人之學也。〔註13〕

末段注曰：

> 君子存之，即存此何思何慮之心。周子所謂「主靜立人極」是也。
> 然其要歸之善補過，所繇殆與不思善惡之旨異矣。此聖學也。〔註14〕

「知其不善，以改於善。始於有善，終於無不善」就是宗周想達致的人極之境，這個「知」（涵「能」）由存一「何思何慮」的心而來，其感通可判吉凶悔吝，可積善補過，宗周奉此工夫為盡人之學，為聖學。

第二節 〈人譜續編二・證人要旨〉

一、「凜閒居以體獨」：慎獨工夫之全蘊

前述宗周盡人之學，如何學？宗周總言兩端：證其所以為人及證其所以

〔註11〕戴璉璋、吳光主編：《劉宗周全集（二）》，頁4。
〔註12〕戴璉璋、吳光主編：《劉宗周全集（二）》，頁4。
〔註13〕戴璉璋、吳光主編：《劉宗周全集（二）》，頁5。
〔註14〕戴璉璋、吳光主編：《劉宗周全集（二）》，頁5。

為心。無此證則學無方所，更無從盡，故宗周著〈證人要旨〉，內含六事功課以證人（即證心）。按其題次，一曰：凜閒居以體獨；二曰：卜動念以知幾，是〈證人要旨〉總綱，再下接其餘四事，故本節先分別論述首二事之大旨，以明梗概，然後再藉第六事：遷善改過以作聖，標示〈人譜〉的踐履造詣境界。

有關「凜閒居以體獨」之重點內容如下：

> 學以學為人，則必證其所以為人。證其所以為人，證其所以為心而已。自昔孔門相傳心法，一則曰慎獨，再則曰慎獨。夫人心有獨體焉，即天命之性，而率性之道所從出也。慎獨而中和位育，天下之能事畢矣。然獨體至微，安所容慎？惟有一獨處之時可為下手法。……吾姑即閒居以證此心。此時一念未起，無善可著，更何不善可為？止有一真無妄在不睹不聞之地，無所容吾自欺也。則雖一善不立之中，而已具有渾然至善之極。君子所為必慎其獨也。夫一閒居耳，小人得之為萬惡淵藪，而君子善反之，即是證性之路。蓋敬肆之分也。敬肆之分，人禽之辨。此證人第一義。靜坐是閒中喫緊一事，其次則讀書……〔註15〕

由以上內容，可得出若干線索，包括：

1. 學為人必證其所以為人，證其所以為人即證其所以為心，君子善反，故又是證性。
2. 宗周肯定孔門心法只是「慎獨」，因吾人心有獨體（即天命之性），故率性由此出，天地萬物由此定。
3. 獨體至微，宗周姑借閒居證心，證得一念未起時，有「一真無妄」在不睹不聞之地，此「一真」雖未有善在其中但已具渾然至善之極。

宗周的證人、證心及證性，同是證一實體而已，此實體為「一真無妄」的道德實體，宗周名為「獨體」。宗周視閒居為一助緣，小人閒居為不善，其放失本心故（即：肆），相反，君子閒居正好存敬，因善反而證性。換言之，證得一念未起時吾心為一道德實體，則「念」起時便有善可著、可為，這是藉體葆荏用的方式，其標示之境界如古清美所言：「在此境界，只是一『一真無妄』的凝然不動，獨知獨照；全體通是真心光明的朗現，至靜精純，沒有一絲

〔註15〕戴璉璋、吳光主編：《劉宗周全集（二）》，頁6。

一毫的夾雜、曲折，或者虛歉，故云『毋自欺』」〔註16〕，正是在『一真無妄』的凝然不動的「體」中，涵此一體朗現的「用」，才是證人之用力所在，所以證人即證體而已，這也是慎獨工夫之全蘊。

二、「卜動念以知幾」：念如其初、情返乎性

宗周以一念未起之時指示一『一真無妄』者，故證人的第二要旨：卜動念以知幾，是希望達至「念如其初」，其原文之精要如下：

> 獨體本無動靜，而動念其端倪也。動而生陽，七情著焉。念如其初，則情返乎性，動無不善，動亦靜也。轉一念而不善隨之，動而動矣。是以君子有慎動之學。七情之動不勝窮，而約之為累心之物，則嗜慾忿懥居其大者。……學不本之慎獨，則心無所主，滋為物化。……豈知人心本自無忿，忽焉有忿，吾知之；本自無慾，忽焉有慾，吾知之。只此知之之時，即是懲之窒之之時。當下廓清，可不費絲毫氣力，後來徐加保任而已。《易》曰：「知幾其神乎！」此之謂也。謂非獨體之至神，不足以與於此也。〔註17〕

宗周以動念為「獨體」之端倪，念才一動便生陽，七情著焉，這時「念」即下陷〔註18〕，故要保持念如其初，這時「念」即清明，使七情返回性，就算「動」，亦即「靜」，是無不善者。換言之，宗周視「念如其初」時之「念」為「意」，前述之「誠意」在這處為「卜動念」以「知幾」，由「知」這個幾微處下手。嗜慾忿懥為累心之物，當其一現吾人即覺知，一覺知即懲之窒之，這是當下廓清之工夫，由這工夫證本自無忿無慾的「心」（即獨體）的實存及其能。這個「心」的「知」能當下懲窒念累亦顯一大而化之的「神」用，故宗周以《易傳》的「知幾其神乎」來讚頌一番。

證人工夫的第三至第五事分別為：謹威儀以定命、敦大倫以凝道及備百行以考旋。宗周於「謹威儀以定命」一功課中云「慎獨之學，既於動念上卜貞

〔註16〕古清美：〈劉宗周實踐工夫探微〉，收入鍾彩鈞主編：《劉蕺山學術思想論集》（臺北：中研院文哲所籌備處，1998 年），頁 71。

〔註17〕戴璉璋、吳光主編：《劉宗周全集（二）》，頁 6～7。

〔註18〕就「轉一念」下有一註，錄新本之內容曰：「偶著一念，因而過矣，卒流於惡者有之」，古清美認為其意可從一真無妄、無善可著的境界初出，只能「偶著一念」，解釋不善的根源及知幾的當下工夫，詳論可參考鍾彩鈞主編：《劉蕺山學術思想論集》，頁 71～72。

邪,已足端本澄源。而誠於中者形於外,容貌辭氣之間有為之符者矣」〔註19〕,這就是說能「慎獨」後,吾人在容貌辭氣上的表現亦若合符節,<u>古清美</u>定此威儀為天命之性之具體表現,是十分合理的。至於「敦大倫以凝道」〔註20〕,考究「道」:外之何以極其規模之大,內之何以究其節目之詳?功夫落在吾人「踐履敦篤」,這是「率性之謂道」的最佳註腳,也是慎獨之功。到「備百行以考旋」〔註21〕一事,<u>宗周</u>以為要達致<u>孟子</u>的「萬物皆備於我」,要由五倫百行處一一踐履,所謂盡性、盡倫、盡物,只因「一體關切痛癢」故。以上三事功課,均以「慎獨」為宗,一步一步向聖人之境邁進。

據<u>古清美</u>分析此三事,其意大概如下:

> 三曰「謹威儀以定命」,已臻「誠於中,形於外」之敬謹檢點處……故敘如何謹九容之形,而曰「天命之性不可見,而見於容貌辭氣之間,莫不各有當然之則」;因此種種「威儀」即是「天命之性」於人之體的具體表現。……

> 人但凡有生命,五倫關係無所逃於天地之間,儒家用這種角度定位人的生命,而非如佛家的因緣生法,故人倫便是「天倫」,是性天之道及其流行發用此一「實理」。……在<u>蕺山</u>,不但深深體認這一點(其殉國臨卒之際謂「唯君親之念重耳」),在極其大、究其詳的敦篤踐履之每一當下,都是率此性天之道。……

> 此處言「盡性」從五倫推之而盡,誠之踐之,便是「萬物皆備」,這也無疑是由性天之道下貫於日用實踐工夫的明白表述。〔註22〕

<u>古清美</u>的分析,指點出<u>宗周</u>慎獨之學的具體應用,謹威儀、敦大倫及備百行諸功課在日用中實踐,但背後有一超越的根據——道,吾人在實踐中即可證此「道」為一真實存有,亦證得有可作聖之能。

三、「遷善改過以作聖」:踐履之終極要求

〈證人要旨〉的第六事功課是「遷善改過以作聖」,茲錄重要篇幅如下:

> 自古無現成的聖人,即堯、舜不廢兢業。其次只一味遷善改過,便

〔註19〕戴璉璋、吳光主編:《劉宗周全集(二)》,頁8。
〔註20〕戴璉璋、吳光主編:《劉宗周全集(二)》,頁8~9。
〔註21〕戴璉璋、吳光主編:《劉宗周全集(二)》,頁9~10。
〔註22〕鍾彩鈞主編:《劉蕺山學術思想論集》,頁72~73。

做成聖人，如孔子自道可見。……一遷一改，時遷時改，忽不覺其
入於聖人之域，此證人之極則也。然所謂是善是不善，本心原自歷
落分明。學者但就本心明處一決，決定如此不如彼，便時時有遷改
工夫可做。〔註23〕

宗周謂「自古無現成的聖人」，聖人如堯、舜尚且要兢業，吾人不能一事
不作便成聖，因此要「遷善改過」，孔子自言：「德之不修，學之不講，聞義不
能徙，不善不能改，是吾憂也」（《論語・述而》）便是此義。宗周更提示證人
之極則在「一遷一改，時遷時改」，無時不刻都要在此「遷善改過」的修德進
程中。不過作此「遷善改過」自亦不難，宗周強調吾人本心原自清明，故學者
但就本心明處一決便是「改過」，向上一翻便成聖，當中並無曲折。宗周這個
「遷善改過以作聖」的工夫，背後正有一「人至尊且貴」之原則在，在〈證人
會約・約言〉中有云：

學者第一義，在先開見地。合下見得在我者是堂堂地做箇人，不與
禽獸伍，何等至尊且貴。蓋天之所以與我者如此，而非以凡聖岐也。
聖人亦人爾，學以完其所為人，即聖人矣。偶自虧欠，故成凡夫。
以我偶自虧欠之人，而遂謂生而非聖人之人，可乎？且以一人非聖
人，而遂謂舉天下皆非聖人之人，又可乎？〔註24〕

人之尊貴在於不與禽獸為伍，這在孟子「人禽之辨」中已可見，而「堂
堂地做箇人」之能是天所與者，人人皆有，「學以完其所為人」是聖人，有所
虧欠是凡夫，這個「完」及「欠」同在吾體見證，故是聖是凡由吾人自決，所
以宗周不避細瑣寫〈證人要旨〉的六事功課，並以「遷善改過以作聖」為終極
的踐履要求，乃是灌頂之極言。當然，要達此聖境，對了解吾人應改甚麼「過」
這個課題，便不能粗略的蒙混過去，所以，宗周再著〈人譜續篇三〉諸章以正
高論。

第三節　〈人譜續編三〉

一、〈紀過格〉：微過之妄與獨體之功

宗周之〈人譜續篇三〉內包〈紀過格〉六事、〈訟過法〉（即靜坐法）及

〔註23〕戴璉璋、吳光主編：《劉宗周全集（二）》，頁10～11。
〔註24〕戴璉璋、吳光主編：《劉宗周全集（二）》，頁575。

〈改過說〉三篇。各篇環環相扣，除指示改過之方，重點仍在背後之獨體，即一真實無妄之本心。

〈紀過格〉六事中的首項，一曰：「微過，獨知主之」〔註25〕，聚焦在討論「妄」之為不真，不慎防即成「過」，宗周判曰：

> 妄（獨而離其天者是。）以上一過，實函後來種種諸過，而藏在未起念以前，彷彿不可名狀，故曰「微」。原從無過中看出過來者。「妄」字最難解，直是無病痛可指。如人元氣偶虛耳，然百邪從此易入。人犯此者，便一生受虧，無藥可療，最可畏也。程子曰：「無妄之謂誠。」誠尚在無妄之後。誠與偽對，妄乃生偽也。妄無面目，只一點浮氣所中，如履霜之象，微乎微乎。妄根所中曰「惑」，為利、為名、為生死；其粗者，為酒、色、財、氣。〔註26〕

獨體至微，若離天即失根據，就是「妄」，即「微過」。這個「過」是種種諸過，包括隱過、顯過、大過、叢過及成過〔註27〕之惡根。宗周描述「微過」的特徵如：藏在未起念以前，不可名狀，只是一點浮氣貌；直是無病痛可指與無面目可示，所以他重申程子的「無妄之謂誠」（同於朱子注：「誠者，真實無妄之謂」〔註28〕），取其「誠尚在無妄之後」意，凸出「妄」未現前已要留神，不能待此「微過」成形才去對治。要如何對治此妄根？宗周認為以「獨知主之」即成，這個法門由不離天之獨體所知所主，究其底即是本心、性體之彰著。

何俊先生對宗周如此理解「妄」，認為宗周是在著意培養或確認一種心理上的定視，即罪感，其意如下：

> 需要進而說明的是，在劉宗周思想中，妄就其本質而言，雖然是人欲的萌發，但妄更重要的是它尚處在「未起念以前」。易言之，妄不等於欲望，妄只是欲望還未萌發但卻在趨近與誘發之中。這樣，妄本身固然不是過，只「原從無過中看出過來者」，但劉宗周仍是將妄定名「微過」，而且視之為「實函後來種種諸過」的「妄根」。在此，我們似可體會到，劉宗周是在著意培養或確認一種心理上的定

〔註25〕戴璉璋、吳光主編：《劉宗周全集（二）》，頁11。
〔註26〕戴璉璋、吳光主編：《劉宗周全集（二）》，頁11～12。
〔註27〕戴璉璋、吳光主編：《劉宗周全集（二）》，頁12～17。
〔註28〕朱熹：《四書集註》，〈中庸〉（香港：太平書局，1982年），頁19。

視,即罪感,返觀前文可知,這種罪感顯然不是建立在外在的個人
與社會的反應上的,而是有賴於內在先天性的善的心性本體(以明
代王學的觀念,就是良知)的自覺,以及由於對善的本體的偏離而
產生的感覺。毫無疑問,如此自覺地確立與培養罪感,是傳統儒學
中所沒有的,而這正是劉宗周克除心學流弊的重要舉措。〔註29〕

以上有關何俊先生的觀點,其中「妄只是欲望還未萌發但卻在趨近與誘
發之中」,根據宗周的「原從無過中看出過來者」一語,可以說是一種對「妄」
態的恰當描述,不過認定「劉宗周是在著意培養或確認一種心理上的定視,
即罪感」卻不諦,因為「先天性的善的心性本體的自覺」以及「對善的本體的
偏離而產生的感覺」兩者不是一種「罪感」,其本質是「覺」,即宗周的「獨
知」,若由此推論宗周「自覺地確立與培養罪感」便偏離了宗周以「獨知主之」
的宗旨,綜觀〈紀過格〉篇末結語,曰:「人雖犯極惡大罪,其良心仍是不泯,
依然與聖人一樣,只為習染所引壞了事。若纔提起此心,耿耿小明,火然泉
達,滿盤已是聖人」〔註30〕,我們很清楚宗周雖不否認習染壞事,但「良心
不泯」的確定才是的語,只是一點小小明光已能火然泉達,吾人之本心如何
達此?「提起此心」便是當下可作之事。本心彰著,其覺能即確保其「用」一
定是得其所者,這是「獨知主之」的結果,所以說宗周自覺地認清習染之根
由及類別可,說「自覺地確立與培養罪感」則不切。

另有一處觀點可證明上論,上文曾提及宗周的一段判語:「妄根所中曰
『惑』,為利、為名、為生死;其粗者,為酒、色、財、氣」中所使用的「妄
根」,正是認清習染之根由及類別後所得出來者。宗周說「意根最微」,妄根
亦然,故言「微過」。

二、〈訟過法〉:存養省察的實功

由此「微過」而來的對治工夫:〈訟過法〉,源自一嘗予作廢之靜坐工夫,
故宗周下注為「靜坐法」,並作出以下描述曰:

> 一柱香,一盂水,置之淨几,布一蒲團座子於下,方會平旦以後,
> 一躬就坐,交趺齊手,屏息正容。……頃之,一線清明之氣徐徐來,

〔註29〕 何俊:〈劉宗周的改過思想〉,收入鍾彩鈞主編:《劉蕺山學術思想論集》(臺
　　　　北:中研院文哲所籌備處,1998 年),頁 140～141。
〔註30〕 戴璉璋、吳光主編:《劉宗周全集(二)》,頁 17。

> 若向太虛然，此心便與太虛同體。乃知從前都是妄緣，妄則非真。
> 一真自若，湛湛澄澄，迎之無來，隨之無去，卻是本來真面目也。
> 此時正好與之葆任，忽有一塵起，輒吹落。又葆任一回，忽有一塵
> 起，輒吹落。如此數番，勿忘勿助，勿問效驗如何。〔註31〕

宗周具體寫出靜坐之儀式及心情，肯定吾人若靜坐，此心便與太虛同體（即「與萬物同體」的意思），那便知從前都是妄緣，可反映出「一真自若」。不過，宗周並不是以靜坐為改過之法門，改過之根據實在「真」的好好葆任處，宗周以孟子的「必有事焉而勿正，心勿忘，勿助長也」（《孟子・公孫丑上》）之義，配言要有節度地持之以恆葆任此「真」，不能計較果效，這才是改過的秘訣。

要深究這個「真」的本來面目，不是在宗周的描述狀詞中尋覓（如：「湛湛澄澄，迎之無來，隨之無去」的景況），而是審察宗周以「本心」為存養省察之主，由此言靜坐之實功。〈訟過法〉中有云：

> 今儒者談學，每言「存養省察」，又曰「靜而存養，動而省察」，卻
> 教何處分動靜？無思無為，靜乎？應事接物，動乎？雖無思無為，
> 而此心嘗止者自然嘗運；雖應事接物，而此心嘗運者自然嘗止。其
> 嘗運者，即省察之實地；而其嘗止者，即存養之真機。總是一時小
> 心著地工夫。故存養省察二者，不可截然分為兩事，而并不可以動
> 靜分也。〔註32〕

宗周批評以「動靜」分言「存養」與「省察」，因為「心」之無思無為不能視作靜，而「心」之應事接物也不能視作「動」，「心」應是嘗止嘗運、嘗運嘗止者，其意是就「本心」之寂然不動、感而遂通的這種本質來說「存養之真機」與「省察之實地」，當中真機與實地是同一事，概由「本心」而來。這同於宗周在〈人極圖說〉中的結語：「君子存之，即存此何思何慮之心。周子所謂『主靜立人極』是也」的意思，嘗止嘗運、嘗運嘗止的「心」，也即是何思何慮者。

三、〈改過說〉：人心自真、立地擴充

〈改過說〉凡三篇，其主線索是人心自真、真立則妄消，茲列首兩篇之

〔註31〕戴璉璋、吳光主編：《劉宗周全集（二）》，頁18。
〔註32〕戴璉璋、吳光主編：《劉宗周全集（二）》，頁19。

重要篇幅如下：

> 天命流行，物與無妄，人得之以為心，是謂本心，何過之有？惟是
> 氣機乘除之際，有不能無過不及之差者。有過而後有不及，雖不及，
> 亦過也。過也，而妄乘之，為厥心病矣。乃其造端甚微，去無過之
> 地，所爭不能毫釐，而其究甚大。〔註33〕

> 人心自真而之妄，非有妄也，但自明而之暗耳。暗則成妄，如魑魅
> 不能晝見。然人無有過而不自知者，其為本體之明，固未嘗息
> 也。……蓋本心嘗明，而不能不受暗於過。明處是心，暗處是過。
> 明中有暗，暗中有明。明中之暗即是過，暗中之明即是改。手勢如
> 此親切。但嘗人之心，雖明亦暗，故知過而歸之文過。病不在暗中，
> 反在明中。君子之心，雖暗亦明，故就明中用箇提醒法，立地與之
> 擴充去，得力仍在明中也。〔註34〕

　　首段引文〈改過說一〉是點題語，指出吾人之本心，得之「天命流行」，
原是無過、無妄者，但因乘除氣機而有過，「妄」乘虛而入造成心病，這個病
源十分隱微，所下之對治工夫便要拿捏準繩。第二段引文〈改過說二〉是引
申語，加強說明人心自真而妄，是明暗相即的一種實況，但病因在「明」中
藏，故宗周提醒我們在「明」中用力，方法就是立地擴充本心。〈改過說三〉
就是再用《大學》的「致知在格物」表示這用力之方，其宗旨如下：

> 或曰：「知過非難，改過為難。」顏子有不善，未嘗不知，知之未嘗
> 復行也。有未嘗復行之行，而後成未嘗不知之知。今第曰知之而已。
> 人無有過而不自知者，抑何改過者之寥寥也？曰：「知行只是一事。
> 知者行之始，行者知之終；知者行之審，行者知之實。」故言知，
> 則不必言行；言行，亦不必言知，而知為要。……顏子之知，本心
> 之知，即知即行，是謂真知。嘗人之知，習心之知。先知後行，是
> 謂嘗知。真知如明鏡當懸，一徹永徹；嘗知如電光石火，轉眼即除。
> 學者繇嘗知而進於真知，所以有致知之法。《大學》言「致知在格
> 物」，正言非徒知之，實允蹈之也。〔註35〕

　　宗周首先釐清吾人以為知過不難、改過才難的謬誤。他以顏子為例，說

〔註33〕戴璉璋、吳光主編：《劉宗周全集（二）》，頁20。
〔註34〕戴璉璋、吳光主編：《劉宗周全集（二）》，頁21～22。
〔註35〕戴璉璋、吳光主編：《劉宗周全集（二）》，頁22～23。

明顏子有不善即知之，知後便不復行，既然有此不復行的「行」，故這個「知」是必知的了，否則不能保障此行不復行。所以宗周明示改過不難，在「知」處下工夫即可。

第二個論點，即由「知行只是一事」開展。按顏子「不善即知之」，則「知」、「行」的終始關係乃是相即相融者，所謂即知即行，實無一時空上之先行後致；換另一個角度考察「知者行之審，行者知之實」兩句，則「知」、「行」有互證的關係，蓋無「知」之審察，「行」便不會是當行者；無「行」則「知」又不能具體落實呈現，但宗周最後仍以「知」為首要。

推論的最後一個步驟，是判分「知」之本質，「真知」才是即知即行的本心之知，有如明鏡高懸；而嘗人之知由習心而來，轉眼即除。宗周認為吾人的「改過」正是由嘗知到真知的一個過程，但要明瞭當中「真知」即涵蘊「行」之必達在內，這是藉「用」證「體」的大原則，宗周解《大學》的「致知在格物」，也是取其實地踐行的意思。

綜觀整個〈人譜〉的論說，宗周的貢獻不在是總攬吾人的踐履為具體條目，一層扣一層地去鋪排改過之方，相反，他是由現存的實況由外向內反照，找出吾人靈明中的一點，那即是四無依傍的本心明覺，認清這個幾微再用功才是「證人」的良方，所以在宗周〈人譜雜記一·知幾篇〉的案語，他概言：

> 學者終身造詣，只了得念起念滅工夫，便謂是儒門極則。此簡工夫以前，則委之佛氏而不敢言；此簡工夫以外，則歸之霸圖而不屑言。
>
> 遂使儒門淡泊，為二家所笑，而吾儒亦遂不能舍二家以立腳。〔註36〕

宗周認為儒門極則不是在「念」上作工夫，若說斷念則近佛家，儒者不敢言，若不說此工夫，儒者又不屑言霸術，職是之故，專言念起念滅工夫，最終只會導致無立足之地，儒門淡泊。歸根究底，宗周所重乃在豁醒一道德意識而已，採誠其意可、藉慎獨入門亦可，因心、性、天是一所成就的道德形上學，其基根在「意」在「獨」處。

牟宗三先生按此道德意識之極成為宗周的〈人譜〉重新定位，其言曰：

> ……依劉蕺山之〈人譜〉，可清楚地使吾人見到心體性體之真與過惡之妄皆在誠意慎獨之道德實踐中被意識到，抑且不只被意識到，而且心體性體之真可實踐地被呈現，過惡之妄可清楚地被照察到而且可實踐地被化除掉。……罪過，過惡，是道德意識中的觀念。道德

〔註36〕戴璉璋、吳光主編：《劉宗周全集（二）》，頁36。

意識愈強，罪惡觀念愈深而切，而且亦只有在道德意識中始能真切
地化除罪惡。儒聖立教自道德意識入。自曾子講守約慎獨後，通過
宋明儒的發展，這道德意識中的內聖之學，成德之教，至蕺山而為
更深度更完備地完成。〔註37〕

按牟宗三先生之分析，宗周乃是一真有道德意識者，從心體性體之真立
吾人之大本；從過惡之妄知實踐之險阻，隨時遇險隨時據本化之。

另唐君毅先生判〈人譜〉亦為實學，曰：

此蕺山所謂凜閒居以體獨……遷善改過以作聖，即蕺山之成學之道
之自正面言之者也。然其中皆一一同時有反面之改過之功在。故人如
不能凜閒居以體獨，則有其所謂微過。……此人譜所言之為學之道，
及其所列之種種過，初看似多拘礙。然細看得其本旨，在成就一由心
而身，由內而外，由本而末之作聖之功，則知其皆實學。〔註38〕

由正面言成學之道，再肯定反面改過之功，正反面均由本心而發，〈人譜〉
可謂道德踐履圓熟之極言，宗周哲學為實學毋可置疑。

〔註37〕牟宗三：《從陸象山到劉蕺山》（臺灣：學生書局，1979 年 8 月初版），頁 536
～537。
〔註38〕唐君毅：《中國哲學原論原教篇（下）》（香港：新亞研究所，1977 年 5 月修
訂再版），頁 490～491。

結 語

　　本文劃分<u>宗周</u>哲學為三大系統，一為「誠意」之學，二為「慎獨」之學，三是「證人」之學，當中所透出之「以心著性，歸顯於密」的特質已如前述，亦已證得<u>宗周</u>哲學可建構一道德形上學。

　　<u>劉洵</u>有一段按語，能一攬其父整個哲學系統的性格，云：

　　　　意根最微，誠體本天，此處著不得絲毫人力，惟有謹凜一法，乃得
　　　　還其本位，所謂戒慎乎其所不睹，恐懼乎其所不聞。此慎獨之說
　　　　也。……〔註1〕

　　就本文以上諸章，得知<u>宗周</u>所統而一之者包括：以心統性情；心只有人心；性只有氣質；存發一機、動靜一理；存心、致知、聞見、德性之知歸一等，<u>劉洵</u>指出其父如此用心於統而一，是希望就心之本體、工夫合并處證立誠意，由於意根最微，誠體本天，所以吾人只有藉慎獨一途才能使意還其本，因此可見誠意、慎獨之學雖可分論，亦可通言，而謹凜一途又是〈人譜〉之實功。

　　職是之故，要貫通<u>宗周</u>哲學的三大系統，可以「證體之學」一詞名之。「證」是體證義，要證的這些「體」，分別說是心體、性體、道體、意體、誠體及獨體，它們是<u>牟宗三</u>先生所規定的「即存有即活動」〔註2〕的實體，所以能支持<u>宗周</u>「本體只是這些子，工夫只是這些子，并這些子，仍不得分此為

〔註1〕<u>戴璉璋</u>、<u>吳光</u>主編，《劉宗周全集（五）》，〈劉宗周年譜〉（臺北：中研院文哲所，1996 年），頁 481～482。

〔註2〕有關「即存有即活動」義，可參考<u>牟宗三</u>：《心體與性體（一）》，（臺北：正中書局，1990 年 8 月初版第 9 次印行），頁 42。

本體、彼為工夫」〔註3〕這個觀點，如〈證人要旨〉中的第二要旨：「卜動念以知幾」，宗周以動念為「獨體」之端倪，故要保持念如其初，由這工夫證本自無忿無慾的「心」（即獨體）的實存及其能，〈人譜〉可算是「證體之學」的最佳佐證，而宗周哲學的三大系統最終可以是一者。

有明一代，宗周最後以其「證體」之路終成聖學，極成儒者之本務，其言「只做向上人，只問向上路。只此一路，更無旁蹊曲徑可托，纔一跌足，墮落千仞」〔註4〕，堪供後學參詳細味。

緣此，就着本文已得的闡釋成果，值得再進一步鑽研的部分，可以包括：

1. 宗周哲學，在宋明理學中扮演一個積極的角色，它是回應陽明後學之弊而出現的一個系統，當中有發前儒未發之言，但更不能忽視宗周肯定良知教呈顯教的規模這個觀點，因此，我們可以就著他的工作，也有發揚陽明的「良知本心」的方向去探索，其中一個線索是宗周認許「知善知惡是良知」（以上語句之分析可參考本文第二章第三節），換言之，宗周哲學可以是良知教的一個特殊的發展階段。

2. 本文在探究宗周哲學時，同時也是作了系統性的闡釋，在這些論述中，清楚的鋪排出「意體」的體用相即義，這除了肯定宗周對宋明理學的貢獻外，更值得思索的是：「意體」除了「凝斂性」外，我們還應重視它的「實體性」。

於〈答董生心意十問〉中，宗周一層切一層論述「心」與「意」的關係，肯定：「意是心之體，而流行其用也」〔註5〕，這一部分的材料，可以表述「意」的豐富意涵。黃宗羲於《明儒學案‧自序》云：「先師所以異於諸儒者，正在於意，豈可不為發明？」〔註6〕，「發明」即「發展」，宗周哲學中有關「意體」的論述，正正下開明末儒學的發展重心，究竟哪一家的說法最能繼承宗周的精神，這是研究儒學者可以用力的課題。

3. 參照宗周的〈易衍〉，當中：「心之所以為心」、「性非心不體」；又〈原旨‧原性〉云：「盈天地間一性也，而在人則專以心言」；以及〈學言中〉曰：「然即心離心，總見此心之妙」諸句，可見在討論「心」與「性」的關係時，

〔註3〕戴璉璋、吳光主編，《劉宗周全集（五）》，頁354。

〔註4〕戴璉璋、吳光主編：《劉宗周全集（二）》，〈語類十二‧學言上〉（臺北：中研院文哲所，1996年），頁444。

〔註5〕戴璉璋、吳光主編：《劉宗周全集（二）》，頁397。

〔註6〕楊家駱主編、黃宗羲撰：《明儒學案》（臺北：世界書局，1984年2月4版），頁1。

宗周亦是以「心」為主，因此，用多角度剖析「心體」以凸顯宗周哲學為一心學的密教，是值得探究的焦點論題。

　　總結以上三個研究方向，無非說明宗周作為宋明理學之最後一位大師，其承前啟後之功不能輕忽，其實學亦提供不少資料供後學鑽研，足以滋養儒學繼續茁壯發展下去。

參考書目

一、**典籍**（按作者姓氏筆劃排列）

1. 〔明〕王守仁撰，吳光、錢明、董平、姚延福編校：《王陽明全集（上）》，
   上海：上海古籍出版社，1992 年 12 月第一版。

2. 王文錦譯解：《禮記譯解》，北京：中華書局，2001 年 9 月第 1 版。

3. 朱熹：《四書集註》，香港：太平書局，1982 年。

4. 朱熹編、王雲五主編：《河南程氏遺書》，臺灣：商務印書館，1974 年。

5. 〔清〕阮元主持：《十三經注疏（上）》，杭州：浙江古籍出版社，1998 年。

6. 周敦頤撰、徐洪興導讀：《周子通書·聖第四》，上海：上海古籍出版社，
   2000 年 12 月。

7. 周群振編著：《論語章句分類義譯》，臺北：鵝湖出版社，2003 年 7 月初
   版。

8. 〔宋〕程顥、程頤撰，潘富恩導讀：《二程遺書·伊川先生語四》，上海：
   上海古籍出版社，2000 年 12 月。

9. 葉紹鈞點註：《傳習錄》，臺北：臺灣商務印書館，1967 年。

10. 〔宋〕程顥、程頤撰，潘富恩導讀：《二程遺書》，上海：上海古籍出版
    社，2000 年 12 月第一版。

11. 楊家駱主編、黃宗羲撰：《中國學術名著第三輯歷代學案第一期書（四）》
    《明儒學案》，臺北：世界書局，1984 年 2 月 4 版。

12. 戴璉璋、吳光主編：《劉宗周全集》一至五冊，臺北：中研院文哲所，1996
年。

二、**專書**（按作者姓氏筆劃排列）

1. 牟宗三：《心體與性體》，臺北：正中書局，1968 年初版。

2. 牟宗三主講，盧雪崑錄音整理：《周易哲學演講錄》，臺北：聯經，2003
年 3 月初版第 3 刷。

3. 牟宗三：《從陸象山到劉蕺山》，臺灣：學生書局，1979 年 8 月初版。

4. 牟宗三：《圓善論》，臺北：臺灣學生書局，1985 年 7 月初版。

5. 牟宗三：《宋明儒學的問題與發展》，臺北：聯經出版事業股份有限公司，
2003 年 7 月初版。

6. 牟宗三：《牟宗三先生全集⑧》，臺北：聯經出版社，2003 年 4 月初版。

7. 李明輝：《四端與七情——關於道德情感的比較哲學探討》，臺北：臺大
出版中心，2005 年 6 月初版。

8. 李振綱：《證人之境——劉宗周哲學的宗旨》，北京：人民出版社，2000
年 12 月。

9. 東方朔：《劉蕺山哲學研究》，上海：人民出版社，1997 年 3 月第 1 版。

10. 東方朔：《劉宗周評傳》，南京：南京大學出版社，1998 年 12 月第 1 版。

11. 唐君毅：《中國哲學原論·原教篇（下）》，香港：新亞研究所，1977 年 5
月修訂再版。

12. 陳立驤：《宋明儒學新論》，高雄：高雄復文出版，2005 年初版。

13. 陳榮捷：《近思錄詳註集評》，臺北：臺灣學生書局，1992 年初版。

14. 勞思光：《新編中國哲學史（三上）》，臺北：三民書局，1997 年 8 月。

15. 黃敏浩：《劉宗周及其慎獨哲學》，臺北：臺灣學生書局，2001 年。

16. 楊祖漢：《中庸義理疏解》，臺北：鵝湖出版社，1997 年 3 月修訂三版。

17. 楊祖漢：《當代儒學思辨錄》，臺北：鵝湖出版社，1998 年 11 月第 1 版。

18. 熊十力撰：《讀經示要》，臺北：明文書局，1984 年 7 月初版。

19. 蔡仁厚：《王陽明哲學》，臺北：三民書局，2000 年 8 月第四版。

20. 蔡仁厚：《中國哲學史大綱》，臺北：學生書局，1999 年 9 月初版四刷。

21. 劉述先：《黃宗羲心學的定住》，新加坡：允晨文化實業股份有限公司、東亞哲學研究所，1986 年。

22. 盧雪崑：《儒家的心性學與道德形上學》，臺北：文津出版社，1991 年初版。

23. 鄭宗義：《明清儒學轉型探析——從劉蕺山到戴東源》，香港：中文大學出版社，2000 年。

三、論文（按作者姓氏筆劃排列）

1. 古清美：〈劉宗周實踐工夫探微〉，《劉蕺山學術思想論集》，臺北：中研院文哲所籌備處，1998 年。

2. 何俊：〈劉宗周的改過思想〉，《劉蕺山學術思想論集》，臺北：中研院文哲所籌備處，1998 年。

3. 李明輝：《劉蕺山論惡之根源》，《劉蕺山學術思想論集》，臺北：中研院中國文哲研究所籌備處，1998 年 5 月初版。

4. 余建中：《劉蕺山哲學研究》，國立中央大學哲學研究所碩士論文，1992 年。

5. 林慶彰：〈劉宗周與大學〉，《劉蕺山學術思想論集》，臺北：中研院文哲所籌備處，1998 年。

6. 林月惠：《劉蕺山「未發已發」——從「觀念史」的考察談起》，《劉蕺山學術思想論集》，臺北：中研院文哲所，1998 年 5 月。

7. 楊祖漢：《從王學的流弊看康德道德哲學作為居間型態的意義》，《鵝湖學誌第三十三期》，臺北：鵝湖月刊雜誌社，2004 年 12 月。

8. 楊祖漢：〈從劉蕺山對王陽明的批評看蕺山學的特色〉，《劉蕺山學術思想論集》，臺北：中研院文哲所籌備處，1998 年。

9. 楊祖漢：〈中國學研究·朱子理一分殊論的現代意義〉，《南溪梁承武教授定年記念論文集》，中國：中國圖書文化中心，2006 年 8 月 31 日。

10. 戴璉璋：〈儒家慎獨說的解讀〉，《中國文哲研究集刊》第二十三期，臺北：中央研究院中國文哲研究所，2003 年 9 月。